무비 스님의 사경 시리즈 10

發心修行章 寫經

무비 스님의
발심수행장 사경

무비 스님 한글 번역

담앤북스

사경집을 펴내며

필자는 일찍이 불교에 귀의하여 경학과 참선과 사경과 절과 기도와 염불 등을 골고루 실참實參하면서 무엇이 가장 효과적인 수행일까 하는 생각을 누누이 하여 왔습니다. 그러다가 여러 가지 상황으로 볼 때 사경수행寫經修行이 그 어떤 수행보다도 가장 효과가 뛰어나다는 것을 깨닫게 되었습니다.

그래서 오래전 부산 금정산 아래에 〈문수선원文殊禪院〉이라는 작은 공부방을 하나 마련하여 뜻을 같이하는 불자들과 〈사경수행도량寫經修行道場〉이라는 이름으로 여러 경전을 강의도 하고 아울러 많은 사경 교재를 만들어 사경寫經만 하는 특별반 및 사경 시간을 마련하여 정진하고 있습니다.

그리고 한편 〈사경수행공동체寫經修行共同體〉라는 이름으로 전국의 많은 불자들과 사경수행을 함께 하자는 생각을 하던 중에 마침 2008년 1월부터 전국의 스님 2백여 명이 강의를 들으러 오게 되어서 이 기회에 가장 이상적이고 친절한 사경 책을 여러 가지 준비하여 보급하게 되었습니다. 비록 어떤 조직체는 없으나 자연스럽게 그 많은 스님들의 손으로 사경 책이 전해지고 또 전해져서 그동안 1백만 권 이상이 보급되었으리라 생각합니다.

『금강경』에는 경전을 받아 지니고, 읽고, 외우고, 사경하는 공덕이 그 어떤 공덕보다 우수하다 하였고, 『법화경』에는 부처님을 대신하는 다섯 가지의 법사法師가 있으니 경전을 받아지니고, 읽고, 외우고, 해설하고, 사경하는 일이라 하였습니다. 사경하는 일이 이와 같거늘 사경수행보다 우수한 공덕과 수행의 방법이 그 어디에 있겠습니까. 실로 불교의 수많은 수행 중에서 가장 위대한 수행이라 할 수 있을 것입니다.

새롭게 도약하는 사경수행운동이 전국으로 번져 나가서 인연을 함께하는 모든 분들이 자신이 앉은 그 자리에서 〈사경수행공동체〉의 일원이 되어 사경이 불법수행의 가장 바르고 가장 유익한 수행이라는 사실을 깨닫게 되어 열심히 정진하시기를 간절히 바랍니다.

경을 쓰는 이 공덕 수승하여라.

가없는 그 복덕 모두 회향하여

이 세상의 모든 사람 모든 생명들

무량광불 나라에서 행복하여지이다.

2023년 10월 1일

신라 화엄종찰 금정산 범어사

如天 無比 합장

사경 발원문

사경 시작한 날 :   년   월   일

_____ 두손 모음

사	경	공	덕	수	승	행
寫	經	功	德	殊	勝	行
베낄 **사**	경전 **경**	공덕 **공**	덕 **덕**	다를 **수**	뛰어날 **승**	행할 **행**

무	변	승	복	개	회	향
無	邊	勝	福	皆	廻	向
없을 **무**	가 **변**	뛰어날 **승**	복 **복**	다 **개**	돌 **회**	향할 **향**

보	원	침	익	제	유	정
普	願	沈	溺	諸	有	情
널리 **보**	원할 **원**	가라앉을 **침**	빠질 **익**	모든 **제**	있을 **유**	뜻 **정**

속	왕	무	량	광	불	찰
速	往	無	量	光	佛	刹
빠를 **속**	갈 **왕**	없을 **무**	헤아릴 **량**	빛 **광**	부처 **불**	절 **찰**

경을 쓰는 이 공덕 수승하여라.
가없는 그 복덕 모두 회향하여
이 세상의 모든 사람 모든 생명들
무량광불 나라에서 행복하여지이다.

發心修行章

發	心	修	行	章
필 **발**	마음 **심**	닦을 **수**	행할 **행**	글 **장**

海東沙門 元曉

1. 부처님의 삶, 중생의 삶

夫	諸	佛	諸	佛	이	莊	嚴	寂	滅	宮
대저 **부**	모두 **제**	부처 **불**	모두 **제**	부처 **불**		꾸밀 **장**	엄할 **엄**	고요할 **적**	멸할 **멸**	집 **궁**

은	於	多	劫	海	에	捨	欲	苦	行	이요
	어조사 **어**	많을 **다**	겁 **겁**	바다 **해**		버릴 **사**	하고자할 **욕**	괴로울 **고**	행할 **행**	

衆	生	衆	生	이	輪	廻	火	宅	門	은
무리 **중**	날 **생**	무리 **중**	날 **생**		바퀴 **윤**	돌 **회**	불 **화**	집 **택**	문 **문**	

於	無	量	世	에	貪	欲	不	捨	니라	無
어조사 **어**	없을 **무**	헤아릴 **량**	세상 **세**		탐낼 **탐**	하고자할 **욕**	아닐 **불**	버릴 **사**		없을 **무**

防	天	堂	에	少	往	至	者	는	三	毒
막을 **방**	하늘 **천**	집 **당**		적을 **소**	갈 **왕**	이를 **지**	사람 **자**		석 **삼**	독 **독**

보리심을 발하여 수행하는 글

모든 부처님과 모든 보살들이 깨달음을 이루어서 적멸한 세계를 장엄하신 것은
오래고 오랜 세월 동안 모든 욕심을 버리고 애써서 수행하신 까닭입니다.
일체중생이 불타는 집과 같은 사바세계에서 윤회하는 것은 한량없는 세상에서
탐욕을 버리지 못한 까닭입니다. 아무도 막지 않는 천당에 가는 사람이 적은 것은
탐진치와 온갖 번뇌로 자기 집의 재산으로 삼은 까닭이요,

煩	惱	로	爲	自	家	財	요		無	誘	惡
번거로울 **번**	번뇌할 **뇌**		삼을 **위**	스스로 **자**	집 **가**	재물 **재**			없을 **무**	꾈 **유**	악할 **악**
道	에		多	往	入	者	는		四	蛇	五	欲
길 **도**			많을 **다**	갈 **왕**	들 **입**	사람 **자**			넉 **사**	뱀 **사**	다섯 **오**	하고자할 **욕**
으로	爲	妄	心	寶	나라		人	誰	不	欲	歸
	삼을 **위**	허망할 **망**	마음 **심**	보배 **보**			사람 **인**	누구 **수**	아닐 **불**	하고자할 **욕**	돌아갈 **귀**
山	修	道	리오마는	而	爲	不	進	은		愛	欲
뫼 **산**	닦을 **수**	이치 **도**		말 이을 **이**	할 **위**	아닐 **부**	나아갈 **진**			사랑 **애**	하고자할 **욕**
所	纏	이니라	然	而	不	歸	山	藪	修	心
바 **소**	얽을 **전**		그럴 **연**	말 이을 **이**	아닐 **불**	돌아갈 **귀**	뫼 **산**	수풀 **수**	닦을 **수**	마음 **심**
이나	隨	自	信	力	하야	不	捨	善	行	이어다
	따를 **수**	스스로 **자**	믿을 **신**	힘 **력**		아닐 **불**	버릴 **사**	착할 **선**	행할 **행**	
自	樂	을	能	捨	하면	信	敬	如	聖	이요
스스로 **자**	즐길 **락**		능할 **능**	버릴 **사**		믿을 **신**	공경 **경**	같을 **여**	성인 **성**	

유혹하지도 않는 지옥 아귀 축생의 삼악도에 많이 들어가는 것은

사대육신과 다섯 가지 욕망으로 망령된 마음의 보물로 삼은 까닭입니다.

사람들이 누군들 산속에 들어가서 수행하고자 아니하리오마는

쉽사리 떠나지 못하는 것은 애욕에 얽혔기 때문입니다. 그러나 산속에 들어가서

수행하지는 못하더라도 자신들의 힘을 따라서 열심히 선행하도록 하십시오.

자신의 즐거움을 능히 버리면 성인과 같이 믿고 공경할 것이며

難	行	을	能	行	하면	尊	重	如	佛	이니라
어려울 난	행할 행		능할 능	행할 행		높을 존	무거울 중	같을 여	부처 불	

慳	貪	於	物	은		是	魔	眷	屬	이요	慈
아낄 간	탐낼 탐	어조사 어	물건 물			이 시	마귀 마	돌볼 권	무리 속		사랑 자

悲	布	施	는		是	法	王	子	니라
슬플 비	보시 보	베풀 시			이 시	법 법	임금 왕	아들 자	

2. 수행자의 삶

高	嶽	峩	巖	은		智	人	所	居	요		碧
높을 고	큰산 악	높을 아	바위 암			슬기 지	사람 인	바 소	살 거			푸를 벽

松	深	谷	은		行	者	所	棲	니라		飢	殮
소나무 송	깊을 심	골 곡			행할 행	사람 자	바 소	깃들일 서			주릴 기	저녁밥 손

木	果	하야	慰	其	飢	腸	하고		渴	飮	流
나무 목	열매 과		위로할 위	그 기	주릴 기	창자 장			목마를 갈	마실 음	흐를 유

어려운 수행을 능히 행하면 부처님과 같이 존중할 것입니다. 재물을 아끼고 탐하는 사람은
마군의 권속이요 자비로 베풀고 나누는 사람은 부처님의 아들딸입니다.

높은 산과 빼어난 바위들은 지혜로운 사람들의 머무는 곳이고 푸른 소나무와 깊은 골짜기는
수행하는 사람들의 머무는 곳입니다. 배가 주리면 나무에 달린 과일을 먹어서
그 주린 창자를 위로하고 목이 마르면 흐르는 물을 마시어 그 갈증을 달래십시오.

水 하야	息	其	渴	情 이니라		喫	甘	愛	養	
물 수	쉴 식	그 기	목마를 갈	뜻 정		먹을 끽	달 감	사랑 애	기를 양	
하야도	此	身 은		定	壞 요		着	柔	守	護
	이 차	몸 신		정할 정	무너질 괴		붙을 착	부드러울 유	지킬 수	보호할 호
하야도	命	必	有	終 이니라		助	響	巖	穴 로	
	목숨 명	반드시 필	있을 유	마칠 종		도울 조	울릴 향	바위 암	구멍 혈	
爲	念	佛	堂 하고		哀	鳴	鴨	鳥 로		爲
삼을 위	생각 염	부처 불	집 당		슬플 애	울 명	오리 압	새 조		삼을 위
歡	心	友 니라		拜	膝 이		如	氷 이라도		無
기쁠 환	마음 심	벗 우		절 배	무릎 슬		같을 여	얼음 빙		없을 무
戀	火	心 하며		餓	腸 이		如	切 이라도		無
그릴 연	불 화	마음 심		주릴 아	창자 장		같을 여	끊을 절		없을 무
求	食	念 이니라		忽	至	百	年 이어늘		云	何
구할 구	밥 식	생각 념		갑자기 홀	이를 지	일백 백	해 년		이를 운	어찌 하

맛있는 음식을 먹어서 육신을 아끼고 기르더라도 이 몸뚱이는 결정코 무너질 것이요
부드러운 옷을 입어서 지키고 보호하더라도 목숨은 반드시 마칠 때가 있을 것입니다.
메아리 소리 울려 퍼지는 바위굴로써 염불하는 집을 삼고 슬피 우는 오리와 새들로 마음을 달래는
벗을 삼을 것입니다. 절을 하는 무릎이 얼음과 같이 시리더라도 따뜻한 불을 생각하는 마음이 없고,
주린 창자가 끊어질 듯하더라도 음식을 구하고자 하는 생각이 없어야 합니다.
홀연히 백년 세월에 이르거늘 어찌 배우지 아니하며

不	學	이며	一	生	이	幾	何	관대	不	修
아닐 **불**	배울 **학**		한 **일**	날 **생**		몇 **기**	어찌 **하**		아닐 **불**	닦을 **수**
放	逸	고	離	心	中	愛	를	是	名	沙
놓을 **방**	편안할 **일**		떠날 **이**	마음 **심**	가운데 **중**	사랑 **애**		이 **시**	이름 **명**	모래 **사**
門	이요	不	戀	世	俗	을	是	名	出	家
문 **문**		아닐 **불**	그릴 **연**	세상 **세**	풍속 **속**		이 **시**	이름 **명**	날 **출**	집 **가**
니라	行	者	羅	網	은	狗	被	象	皮	요
	행할 **행**	사람 **자**	걸릴 **라**	그물 **망**		개 **구**	입을 **피**	코끼리 **상**	가죽 **피**	
道	人	戀	懷	는	蝟	入	鼠	宮	이니라	雖
이치 **도**	사람 **인**	그릴 **연**	품을 **회**		고슴도치 **위**	들 **입**	쥐 **서**	집 **궁**		비록 **수**
有	才	智	나	居	邑	家	者	는	諸	佛
있을 **유**	재주 **재**	슬기 **지**		살 **거**	고을 **읍**	집 **가**	사람 **자**		모두 **제**	부처 **불**
이	是	人	에	生	悲	憂	心	하시고	設	無
	이 **시**	사람 **인**		날 **생**	슬플 **비**	근심 **우**	마음 **심**		가령 **설**	없을 **무**

일생이 얼마나 된다고 수행하지 아니하고 게으름을 피웁니까? 마음속에서 애착을 떠나야
스님이라고 이름할 수 있고 세속을 그리워하지 않아야 출가한 사람이라고 할 수 있습니다.
수행하는 사람이 세상일에 휩싸이는 것은 개가 코끼리의 가죽을 덮어쓰는 것이요
도를 닦는 사람이 외롭고 쓸쓸한 생각을 품는 것은 고슴도치가 쥐구멍에 들어가는 격입니다.
비록 재주와 지혜가 있더라도 도시에 사는 사람들에 대해서는
모든 부처님이 이 사람에 대해서 근심하는 마음을 내고

道	行	이나	住	山	室	者	는	衆	聖	이
이치 도	행할 행		살 주	뫼 산	집 실	사람 자		무리 중	성인 성	
是	人	에	生	歡	喜	心	하나니라	雖	有	才
이 시	사람 인		날 생	기쁠 환	기쁠 희	마음 심		비록 수	있을 유	재주 재
學	이나		無	戒	行	者	는	如	寶	所	導
배울 학			없을 무	경계할 계	행할 행	사람 자		같을 여	보배 보	곳 소	길 도
而	不	起	行	이요	雖	有	勤	行	이나	無
말이을 이	아닐 불	일어날 기	다닐 행		비록 수	있을 유	부지런할 근	행할 행		없을 무
智	慧	者	는	欲	往	東	方	而	向	西
슬기 지	슬기로울 혜	사람 자		하고자할 욕	갈 왕	동녘 동	방위 방	말 이을 이	향할 향	서녘 서
行	이니라		有	智	人	의	所	行	은	蒸	米
다닐 행			있을 유	슬기 지	사람 인		바 소	행할 행		찔 증	쌀 미
作	飯	이요	無	智	人	의	所	行	은	蒸
지을 작	밥 반		없을 무	슬기 지	사람 인		바 소	행할 행		찔 증

설사 도가 없더라도 산속에 사는 사람들에 대해서는 여러 성인들이 이 사람에 대해서
환희하는 마음을 냅니다. 비록 재능과 학문이 있더라도 계행이 없는 사람은
보물이 있는 곳으로 인도하여도 일어나서 가지 않는 것과 같고, 비록 부지런히 실천하더라도
지혜가 없는 사람은 동쪽으로 가고자 하면서 서쪽으로 향하여 가는 것과 같습니다.
지혜가 있는 사람이 하는 일은 쌀로써 밥을 짓는 것이요,
지혜가 없는 사람이 하는 일은 모래로써 밥을 짓는 것입니다.

沙	作	飯	이니라	共	知	喫	食	而	慰	飢
모래 사	지을 작	밥 반		함께 공	알 지	먹을 끽	밥 식	말 이을 이	위로할 위	주릴 기
腸	호되	不	知	學	法	而	改	癡	心	이니라
창자 장		아닐 부	알 지	배울 학	법 법	말 이을 이	고칠 개	어리석을 치	마음 심	
行	智	俱	備	는	如	車	二	輪	이요	自
행할 행	슬기 지	함께 구	갖출 비		같을 여	수레 거	두 이	바퀴 륜		스스로 자
利	利	他	는	如	鳥	兩	翼	이니라	得	粥
이로울 리	이로울 이	다를 타		같을 여	새 조	두 양	날개 익		얻을 득	죽 죽
祝	願	호대	不	解	其	意	하면	亦	不	檀
빌 축	원할 원		아닐 불	풀 해	그 기	뜻 의		또 역	아닐 부	박달나무 단
越	에	應	羞	恥	乎	며	得	食	唱	唄
넘을 월		응당 응	부끄러울 수	부끄러울 치	어조사 호		얻을 득	밥 식	노래 창	찬불 패
호대	不	達	其	趣	하면	亦	不	賢	聖	에
	아닐 부	통달할 달	그 기	뜻 취		또 역	아닐 불	어질 현	성인 성	

모든 사람들이 밥을 먹어서 주린 창자를 위로할 줄 알면서 불법을 배워서 어리석은 마음을
고칠 줄은 알지 못합니다. 행동과 지혜가 다 갖춰진 것은 수레의 두 바퀴와 같고
자신도 이롭고 다른 이도 이롭게 하는 것은 새의 두 날개와 같습니다.
죽을 받아서 축원하되 그 의미를 알지 못하면 또한 신도들에게 반드시 부끄럽지 아니하며,
밥을 받아서 염불을 하되 그 취지를 알지 못하면 또한 현자와 성인들에게 부끄럽지 아니한가요.

應	慚	愧	乎	아	人	惡	尾	虫	이	不
응당 응	부끄러워할 참	부끄러울 괴	어조사 호		사람 인	미워할 오	꼬리 미	벌레 충		아닐 불
辨	淨	穢		인달하야	聖	憎	沙	門	이	不	辨
분별할 변	깨끗할 정	더러울 예			성인 성	미워할 증	모래 사	문 문		아닐 불	분별할 변
淨	穢	니라	棄	世	間	喧	하고	乘	空	天
깨끗할 정	더러울 예		버릴 기	세상 세	사이 간	지껄일 훤		탈 승	빌 공	하늘 천
上	은	戒	爲	善	梯	니	是	故	로	破
위 상		경계할 계	될 위	좋을 선	사다리 제		이 시	연고 고		깨뜨릴 파
戒	하고	爲	他	福	田	은	如	折	翼	鳥
경계할 계		될 위	다를 타	복 복	밭 전		같을 여	꺾을 절	날개 익	새 조
가	負	龜	翔	空	이라	自	罪	를	未	脫
	질 부	거북 구	날 상	빌 공		스스로 자	허물 죄		아닐 미	벗을 탈
하면	他	罪	를	不	贖	이니라	然	이나	豈	無
	다를 타	허물 죄		아닐 불	속죄할 속		그럴 연		어찌 기	없을 무

사람들은 구더기가 깨끗하고 더러움을 분별하지 못하는 것을 싫어하듯이
성인들은 스님으로서 깨끗하고 더러움을 분별하지 못하는 것을 미워합니다.
세상의 시끄러움을 버리고 텅 빈 천상에 올라가는 데는 계행이 좋은 사다리가 되나니
그러므로 계를 파하고 다른 사람들의 복전이 되는 것은
날개 부러진 새가 거북을 등에 업고 하늘로 날아가려는 것과 같습니다.
자신의 죄를 벗지 못하고서는 다른 사람의 죄를 면하게 해 주지 못하나니

戒	行	하고	受	他	供	給	이리오	無	行	空
경계할 계	행할 행		받을 수	다를 타	이바지할 공	줄 급		없을 무	행할 행	빌 공
身	은	養	無	利	益	이요	無	常	浮	命
몸 신		기를 양	없을 무	이로울 이	더할 익		없을 무	항상 상	뜰 부	목숨 명
은	愛	惜	不	保	나라	望	龍	象	德	하야
	사랑 애	아낄 석	아닐 불	지킬 보		바랄 망	용 용	코끼리 상	덕 덕	
能	忍	長	苦	하고	期	獅	子	座	하야	永
능할 능	참을 인	길 장	괴로울 고		기약할 기	사자 사	아들 자	자리 좌		길 영
背	欲	樂	이니라	行	者	心	淨	하면	諸	天
등 배	하고자할 욕	즐길 락		행할 행	사람 자	마음 심	깨끗할 정		모두 제	하늘 천
이	共	讚	하고	道	人	이	戀	色	하면	善
	함께 공	기릴 찬		이치 도	사람 인		그릴 연	빛 색		착할 선
神	이	捨	離	하나니라	四	大	가	忽	散	이라
신 신		버릴 사	떠날 리		넉 사	큰 대		갑자기 홀	흩을 산	

그러므로 어찌 계행이 없으면서 다른 사람들의 공양을 받을 수 있겠습니까?

수행이 없는 헛된 몸은 살려 봐야 이익이 없으며 무상한 뜬목숨은 사랑하고 아껴 봐야

지키지 못합니다. 용상대덕을 희망하면서 능히 오랜 고통을 참아 견디고

사자의 자리를 기약하여 영원히 욕심과 즐거움을 버릴 것입니다.

수행하는 사람의 마음이 청정하면 모든 천신들이 함께 찬탄하고

도를 닦는 사람이 이성을 그리워하면 선신들이 버리고 떠난답니다.

不	保	久	住	니	今	日	夕	矣	라	頗
아닐 불	지킬 보	오랠 구	살 주		이제 금	날 일	저물 석	어조사 의		자못 파
行	朝	哉		인저	世	樂	이	後	苦	어늘	何
다닐 행	아침 조	어조사 재			세상 세	즐길 락		뒤 후	괴로울 고		어찌 하
貪	着	哉		며	一	忍	이	長	樂	이어늘	何
탐낼 탐	붙을 착	어조사 재			한 일	참을 인		길 장	즐길 락		어찌 하
不	修	哉		리오	道	人	貪	은	是	行	者
아닐 불	닦을 수	어조사 재			이치 도	사람 인	탐낼 탐		이 시	행할 행	사람 자
羞	恥		요	出	家	富	는	是	君	子	所
부끄러울 수	부끄러울 치			날 출	집 가	부유할 부		이 시	임금 군	아들 자	바 소
笑	니라
웃음 소	

3. 지금, 여기의 삶

지수화풍 사대육신은 홀연히 흩어져서 오랫동안 머물지 못하나니
오늘도 이미 늦었으니 자못 서두르십시오.
세상의 즐거움이 뒤에는 고통이 따르나니 어찌 탐착하겠으며
한 번 참는 것이 오랫동안 즐겁나니 어찌 수행하지 않겠습니까.
도를 닦는 사람이 탐욕을 부리는 것은 수행자의 부끄러움이요
출가한 사람이 부귀한 것은 군자들이 비웃는 바입니다.

遮	言	이	不	盡	이어늘	貪	着	不	已	하며
막을 차	말씀 언		아닐 부	다할 진		탐낼 탐	붙을 착	아닐 불	그칠 이	
第	二	無	盡	이어늘	不	斷	愛	着	하며	此
차례 제	두 이	없을 무	다할 진		아닐 부	끊을 단	사랑 애	붙을 착		이 차
事	無	限	이어늘	世	事	不	捨	하며	彼	謀
일 사	없을 무	한할 한		세상 세	일 사	아닐 불	버릴 사		저 피	꾀할 모
無	際	어늘	絶	心	不	起	로다	今	日	不
없을 무	즈음 제		끊을 절	마음 심	아닐 불	일어날 기		이제 금	날 일	아닐 부
盡	이어늘	造	惡	日	多	하며	明	日	無	盡
다할 진		지을 조	악할 악	날 일	많을 다		날이 샐 명	날 일	없을 무	다할 진
이어늘	作	善	日	少	하며	今	年	不	盡	이어늘
	지을 작	착할 선	날 일	적을 소		이제 금	해 년	아닐 부	다할 진	
無	限	煩	惱	하며	來	年	無	盡	이어늘	不
없을 무	한할 한	번거로울 번	번뇌할 뇌		올 내	해 년	없을 무	다할 진		아닐 부

막는 말이 끝이 없거늘 탐착하기를 그만두지 아니하며 '다음에 다음에' 하는 것이
다함이 없거늘 애착을 끊지 아니합니다. '이 일만 하고, 이 일만 하고' 하는 것이 한이 없지만
세상사를 버리지 못하며 '저 일만 하고, 저 일만 하고' 하는 것이 끝이 없지만 끊으려는
마음을 내지 못합니다. '오늘만 오늘만' 하는 것이 다함이 없건만 악을 짓는 것이 날마다
많아지며 '내일부터 내일부터' 하는 것이 끝이 없건만 선행을 하는 것은 날마다 줄어듭니다.
'금년만 금년만' 하는 것이 끝이 없건만 무한히 번뇌를 일으키며

進	菩	提	로다	時	時	移	移	하야	速	經
나아갈 진	보리 보	끌 제(리)		때 시	때 시	옮길 이	옮길 이		빠를 속	지날 경
日	夜	하며	日	日	移	移	하야	速	經	月
날 일	밤 야		날 일	날 일	옮길 이	옮길 이		빠를 속	지날 경	달 월
晦	하며	月	月	移	移	하야	忽	來	年	至
그믐 회		달 월	달 월	옮길 이	옮길 이		갑자기 홀	올 래	해 년	이를 지
하며	年	年	移	移	하야	暫	到	死	門	하나니
	해 연	해 년	옮길 이	옮길 이		잠시 잠	이를 도	죽을 사	문 문	
破	車	不	行	이요	老	人	不	修	라	臥
깨뜨릴 파	수레 거	아닐 불	다닐 행		늙을 노	사람 인	아닐 불	닦을 수		누울 와
生	懈	怠	하고	坐	起	亂	識	이로다	幾	生
날 생	게으를 해	게으를 태		앉을 좌	일어날 기	어지러울 난	알 식		몇 기	날 생
不	修	어늘	虛	過	日	夜	하며	幾	活	空
아닐 불	닦을 수		빌 허	지날 과	날 일	밤 야		몇 기	살 활	빌 공

'내년에는 내년에는' 하는 것이 다함이 없건만 깨달음에 나아가지 못합니다. 시간 시간이
옮기고 옮겨서 하루가 빨리도 지나가며, 하루 하루가 옮기고 옮겨서 한 달이 빨리도 지나가며,
한 달 한 달이 옮기고 옮겨서 홀연히 한 해가 지나가며, 한 해 한 해가 옮기고 옮겨서
잠깐 사이에 죽음에 이릅니다. 고장 난 수레는 움직이지 못하고 늙은 사람은 수행하지 못하나니
누워서는 게으름만 피우고 앉아서는 어지러운 생각만 일으킵니다.
얼마나 산다고 수행하지 아니하고 낮과 밤을 헛되게 보내며,

身 이어늘	一	生	不	修 오		身	必	有	終
몸 신	한 일	날 생	아닐 불	닦을 수		몸 신	반드시 필	있을 유	마칠 종
하리니	後	身 은		何	乎 아		莫	速	急	乎
	뒤 후	몸 신		어찌 하	-인가 호		없을 막	빠를 속	급할 급	-인가 호
며	莫	速	急	乎 인저					
	없을 막	빠를 속	급할 급	-인가 호					

허망한 몸뚱이가 얼마나 살기에 일생을 수행하지 않습니까.

이 몸은 반드시 마칠 때가 있으리니 다음 생의 몸은 무엇이 될 것입니까.

급하지 아니하며 급하지 아니합니까.

〈사경 1회〉

發	心	修	行	章
필 **발**	마음 **심**	닦을 **수**	행할 **행**	글 **장**

海東沙門 元曉

1. 부처님의 삶, 중생의 삶

夫	諸	佛	諸	佛	이		莊	嚴	寂	滅	宮
대저 **부**	모두 **제**	부처 **불**	모두 **제**	부처 **불**			꾸밀 **장**	엄할 **엄**	고요할 **적**	멸할 **멸**	집 **궁**
은	於	多	劫	海	에		捨	欲	苦	行	이요
	어조사 **어**	많을 **다**	겁 **겁**	바다 **해**			버릴 **사**	하고자할 **욕**	괴로울 **고**	행할 **행**	
衆	生	衆	生	이		輪	廻	火	宅	門	은
무리 **중**	날 **생**	무리 **중**	날 **생**			바퀴 **윤**	돌 **회**	불 **화**	집 **택**	문 **문**	
於	無	量	世	에		貪	欲	不	捨	니라	無
어조사 **어**	없을 **무**	헤아릴 **량**	세상 **세**			탐낼 **탐**	하고자할 **욕**	아닐 **불**	버릴 **사**		없을 **무**
防	天	堂	에		少	往	至	者	는	三	毒
막을 **방**	하늘 **천**	집 **당**			적을 **소**	갈 **왕**	이를 **지**	사람 **자**		석 **삼**	독 **독**

보리심을 발하여 수행하는 글

모든 부처님과 모든 보살들이 깨달음을 이루어서 적멸한 세계를 장엄하신 것은
오래고 오랜 세월 동안 모든 욕심을 버리고 애써서 수행하신 까닭입니다.
일체중생이 불타는 집과 같은 사바세계에서 윤회하는 것은 한량없는 세상에서
탐욕을 버리지 못한 까닭입니다. 아무도 막지 않는 천당에 가는 사람이 적은 것은
탐진치와 온갖 번뇌로 자기 집의 재산으로 삼은 까닭이요,

煩	惱	로		爲	自	家	財	요		無	誘	惡
번거로울 **번**	번뇌할 **뇌**			삼을 **위**	스스로 **자**	집 **가**	재물 **재**			없을 **무**	꾈 **유**	악할 **악**
道	에		多	往	入	者	는		四	蛇	五	欲
길 **도**			많을 **다**	갈 **왕**	들 **입**	사람 **자**			넉 **사**	뱀 **사**	다섯 **오**	하고자할 **욕**
으로	爲	妄	心	寶	니라		人	誰	不	欲	歸
	삼을 **위**	허망할 **망**	마음 **심**	보배 **보**			사람 **인**	누구 **수**	아닐 **불**	하고자할 **욕**	돌아갈 **귀**
山	修	道	리오마는	而	爲	不	進	은		愛	欲
뫼 **산**	닦을 **수**	이치 **도**		말 이을 **이**	할 **위**	아닐 **부**	나아갈 **진**			사랑 **애**	하고자할 **욕**
所	纏	이니라	然	而	不	歸	山	藪	修	心
바 **소**	얽을 **전**		그럴 **연**	말 이을 **이**	아닐 **불**	돌아갈 **귀**	뫼 **산**	수풀 **수**	닦을 **수**	마음 **심**
이나	隨	自	信	力	하야	不	捨	善	行	이어다
	따를 **수**	스스로 **자**	믿을 **신**	힘 **력**		아닐 **불**	버릴 **사**	착할 **선**	행할 **행**	
自	樂	을	能	捨	하면	信	敬	如	聖	이요
스스로 **자**	즐길 **락**		능할 **능**	버릴 **사**		믿을 **신**	공경 **경**	같을 **여**	성인 **성**	

유혹하지도 않는 지옥 아귀 축생의 삼악도에 많이 들어가는 것은
사대육신과 다섯 가지 욕망으로 망령된 마음의 보물로 삼은 까닭입니다.
사람들이 누군들 산속에 들어가서 수행하고자 아니하리오마는
쉽사리 떠나지 못하는 것은 애욕에 얽혔기 때문입니다. 그러나 산속에 들어가서
수행하지는 못하더라도 자신들의 힘을 따라서 열심히 선행하도록 하십시오.
자신의 즐거움을 능히 버리면 성인과 같이 믿고 공경할 것이며

難	行	을	能	行	하면	尊	重	如	佛	이니라
어려울 난	행할 행		능할 능	행할 행		높을 존	무거울 중	같을 여	부처 불	

慳	貪	於	物	은	是	魔	眷	屬	이요	慈
아낄 간	탐낼 탐	어조사 어	물건 물		이 시	마귀 마	돌볼 권	무리 속		사랑 자

悲	布	施	는	是	法	王	子	니라
슬플 비	보시 보	베풀 시		이 시	법 법	임금 왕	아들 자	

2. 수행자의 삶

高	嶽	峩	巖	은	智	人	所	居	요	碧
높을 고	큰산 악	높을 아	바위 암		슬기 지	사람 인	바 소	살 거		푸를 벽

松	深	谷	은	行	者	所	捿	니라	飢	飧
소나무 송	깊을 심	골 곡		행할 행	사람 자	바 소	깃들일 서		주릴 기	저녁밥 손

木	果	하야	慰	其	飢	腸	하고	渴	飲	流
나무 목	열매 과		위로할 위	그 기	주릴 기	창자 장		목마를 갈	마실 음	흐를 유

어려운 수행을 능히 행하면 부처님과 같이 존중할 것입니다. 재물을 아끼고 탐하는 사람은
마군의 권속이요 자비로 베풀고 나누는 사람은 부처님의 아들딸입니다.

높은 산과 빼어난 바위들은 지혜로운 사람들의 머무는 곳이고 푸른 소나무와 깊은 골짜기는
수행하는 사람들의 머무는 곳입니다. 배가 주리면 나무에 달린 과일을 먹어서
그 주린 창자를 위로하고 목이 마르면 흐르는 물을 마시어 그 갈증을 달래십시오.

水	하야		息	其	渴	情	이니라	喫	甘	愛	養
물 수			쉴 식	그 기	목마를 갈	뜻 정		먹을 끽	달 감	사랑 애	기를 양
	하야도	此	身	은	定	壞	요	着	柔	守	護
		이 차	몸 신		정할 정	무너질 괴		붙을 착	부드러울 유	지킬 수	보호할 호
	하야도	命	必	有	終	이니라		助	響	巖	穴	로
		목숨 명	반드시 필	있을 유	마칠 종			도울 조	울릴 향	바위 암	구멍 혈
爲	念	佛	堂	하고	哀	鳴	鴨	鳥	로	爲
삼을 위	생각 염	부처 불	집 당		슬플 애	울 명	오리 압	새 조		삼을 위
歡	心	友	니라	拜	膝	이	如	氷	이라도	無
기쁠 환	마음 심	벗 우		절 배	무릎 슬		같을 여	얼음 빙		없을 무
戀	火	心	하며	餓	腸	이	如	切	이라도	無
그릴 연	불 화	마음 심		주릴 아	창자 장		같을 여	끊을 절		없을 무
求	食	念	이니라	忽	至	百	年	이어늘	云	何
구할 구	밥 식	생각 념		갑자기 홀	이를 지	일백 백	해 년		이를 운	어찌 하

맛있는 음식을 먹어서 육신을 아끼고 기르더라도 이 몸뚱이는 결정코 무너질 것이요
부드러운 옷을 입어서 지키고 보호하더라도 목숨은 반드시 마칠 때가 있을 것입니다.
메아리 소리 울려 퍼지는 바위굴로써 염불하는 집을 삼고 슬피 우는 오리와 새들로 마음을 달래는
벗을 삼을 것입니다. 절을 하는 무릎이 얼음과 같이 시리더라도 따뜻한 불을 생각하는 마음이 없고,
주린 창자가 끊어질 듯하더라도 음식을 구하고자 하는 생각이 없어야 합니다.
홀연히 백년 세월에 이르거늘 어찌 배우지 아니하며

不	學 이며	一	生 이	幾	何 관대		不	修	
아닐 불	배울 학	한 일	날 생	몇 기	어찌 하		아닐 불	닦을 수	
放	逸 고	離	心 中	愛 를		是	名	沙	
놓을 방	편안할 일	떠날 이	마음 심 가운데 중	사랑 애		이 시	이름 명	모래 사	
門	이요	不 戀	世 俗	을		是	名	出 家	
문 문		아닐 불 그릴 연	세상 세 풍속 속			이 시	이름 명	날 출 집 가	
니라	行 者	羅 網	은	狗	被	象	皮	요	
	행할 행 사람 자	걸릴 라 그물 망		개 구	입을 피	코끼리 상	가죽 피		
道 人	戀 懷	는	蝟	入	鼠	宮 이니라		雖	
이치 도 사람 인	그릴 연 품을 회		고슴도치 위	들 입	쥐 서	집 궁		비록 수	
有 才	智	나	居	邑	家	者	는	諸	佛
있을 유 재주 재	슬기 지		살 거	고을 읍	집 가	사람 자		모두 제	부처 불
이	是 人	에	生	悲	憂	心	하시고	設	無
	이 시 사람 인		날 생	슬플 비	근심 우	마음 심		가령 설	없을 무

일생이 얼마나 된다고 수행하지 아니하고 게으름을 피웁니까? 마음속에서 애착을 떠나야
스님이라고 이름할 수 있고 세속을 그리워하지 않아야 출가한 사람이라고 할 수 있습니다.
수행하는 사람이 세상일에 휩싸이는 것은 개가 코끼리의 가죽을 덮어쓰는 것이요
도를 닦는 사람이 외롭고 쓸쓸한 생각을 품는 것은 고슴도치가 쥐구멍에 들어가는 격입니다.
비록 재주와 지혜가 있더라도 도시에 사는 사람들에 대해서는
모든 부처님이 이 사람에 대해서 근심하는 마음을 내고

道	行	이나	住	山	室	者	는		衆	聖	이
이치 도	행할 행		살 주	뫼 산	집 실	사람 자			무리 중	성인 성	
是	人	에	生	歡	喜	心	하나니라	雖	有	才	
이 시	사람 인		날 생	기쁠 환	기쁠 희	마음 심		비록 수	있을 유	재주 재	
學	이나		無	戒	行	者	는	如	寶	所	遵
배울 학			없을 무	경계할 계	행할 행	사람 자		같을 여	보배 보	곳 소	길 도
而	不	起	行	이요	雖	有	勤	行	이나		無
말이을 이	아닐 불	일어날 기	다닐 행		비록 수	있을 유	부지런할 근	행할 행			없을 무
智	慧	者	는	欲	往	東	方	而	向	西	
슬기 지	슬기로울 혜	사람 자		하고자할 욕	갈 왕	동녘 동	방위 방	말 이을 이	향할 향	서녘 서	
行	이니라	有	智	人	의	所	行	은	蒸	米	
다닐 행		있을 유	슬기 지	사람 인		바 소	행할 행		찔 증	쌀 미	
作	飯	이요	無	智	人	의	所	行	은	蒸	
지을 작	밥 반		없을 무	슬기 지	사람 인		바 소	행할 행		찔 증	

설사 도가 없더라도 산속에 사는 사람들에 대해서는 여러 성인들이 이 사람에 대해서
환희하는 마음을 냅니다. 비록 재능과 학문이 있더라도 계행이 없는 사람은
보물이 있는 곳으로 인도하여도 일어나서 가지 않는 것과 같고, 비록 부지런히 실천하더라도
지혜가 없는 사람은 동쪽으로 가고자 하면서 서쪽으로 향하여 가는 것과 같습니다.
지혜가 있는 사람이 하는 일은 쌀로써 밥을 짓는 것이요,
지혜가 없는 사람이 하는 일은 모래로써 밥을 짓는 것입니다.

沙	作	飯	이니라	共	知	喫	食	而	慰	飢
모래 사	지을 작	밥 반		함께 공	알 지	먹을 끽	밥 식	말 이을 이	위로할 위	주릴 기
腸	호되	不	知	學	法	而	改	癡	心	이니라
창자 장		아닐 부	알 지	배울 학	법 법	말 이을 이	고칠 개	어리석을 치	마음 심	
行	智	俱	備	는	如	車	二	輪	이요	自
행할 행	슬기 지	함께 구	갖출 비		같을 여	수레 거	두 이	바퀴 륜		스스로 자
利	利	他	는	如	鳥	兩	翼	이니라	得	粥
이로울 리	이로울 이	다를 타		같을 여	새 조	두 양	날개 익		얻을 득	죽 죽
祝	願	호대	不	解	其	意	하면	亦	不	檀
빌 축	원할 원		아닐 불	풀 해	그 기	뜻 의		또 역	아닐 부	박달나무 단
越	에	應	羞	恥	乎	며	得	食	唱	唄
넘을 월		응당 응	부끄러울 수	부끄러울 치	어조사 호		얻을 득	밥 식	노래 창	찬불 패
호대	不	達	其	趣	하면	亦	不	賢	聖	에
	아닐 부	통달할 달	그 기	뜻 취		또 역	아닐 불	어질 현	성인 성	

모든 사람들이 밥을 먹어서 주린 창자를 위로할 줄 알면서 불법을 배워서 어리석은 마음을
고칠 줄은 알지 못합니다. 행동과 지혜가 다 갖춰진 것은 수레의 두 바퀴와 같고
자신도 이롭고 다른 이도 이롭게 하는 것은 새의 두 날개와 같습니다.
죽을 받아서 축원하되 그 의미를 알지 못하면 또한 신도들에게 반드시 부끄럽지 아니하며,
밥을 받아서 염불을 하되 그 취지를 알지 못하면 또한 현자와 성인들에게 부끄럽지 아니한가요.

應	慚	愧	乎	아	人	惡	尾	虫	이	不
응당 응	부끄러워할 참	부끄러울 괴	어조사 호		사람 인	미워할 오	꼬리 미	벌레 충		아닐 불
辨	淨	穢	인달하야	聖	憎	沙	門	이	不	辨
분별할 변	깨끗할 정	더러울 예		성인 성	미워할 증	모래 사	문 문		아닐 불	분별할 변
淨	穢	니라	棄	世	間	喧	하고	乘	空	天
깨끗할 정	더러울 예		버릴 기	세상 세	사이 간	지껄일 훤		탈 승	빌 공	하늘 천
上	은	戒	爲	善	梯	니	是	故	로	破
위 상		경계할 계	될 위	좋을 선	사다리 제		이 시	연고 고		깨뜨릴 파
戒	하고	爲	他	福	田	은	如	折	翼	鳥
경계할 계		될 위	다를 타	복 복	밭 전		같을 여	꺾을 절	날개 익	새 조
가	負	龜	翔	空	이라	自	罪	를	未	脫
	질 부	거북 구	날 상	빌 공		스스로 자	허물 죄		아닐 미	벗을 탈
하면	他	罪	를	不	贖	이니라	然	이나	豈	無
	다를 타	허물 죄		아닐 불	속죄할 속		그럴 연		어찌 기	없을 무

사람들은 구더기가 깨끗하고 더러움을 분별하지 못하는 것을 싫어하듯이
성인들은 스님으로서 깨끗하고 더러움을 분별하지 못하는 것을 미워합니다.
세상의 시끄러움을 버리고 텅 빈 천상에 올라가는 데는 계행이 좋은 사다리가 되나니
그러므로 계를 파하고 다른 사람들의 복전이 되는 것은
날개 부러진 새가 거북을 등에 업고 하늘로 날아가려는 것과 같습니다.
자신의 죄를 벗지 못하고서는 다른 사람의 죄를 면하게 해 주지 못하나니

戒	行	하고	受	他	供	給	이리오	無	行	空
경계할 계	행할 행		받을 수	다를 타	이바지할 공	줄 급		없을 무	행할 행	빌 공
身	은	養	無	利	益	이요	無	常	浮	命
몸 신		기를 양	없을 무	이로울 이	더할 익		없을 무	항상 상	뜰 부	목숨 명
은	愛	惜	不	保	니라	望	龍	象	德	하야
	사랑 애	아낄 석	아닐 불	지킬 보		바랄 망	용 용	코끼리 상	덕 덕	
能	忍	長	苦	하고	期	獅	子	座	하야	永
능할 능	참을 인	길 장	괴로울 고		기약할 기	사자 사	아들 자	자리 좌		길 영
背	欲	樂	이니라	行	者	心	淨	하면	諸	天
등 배	하고자할 욕	즐길 락		행할 행	사람 자	마음 심	깨끗할 정		모두 제	하늘 천
이	共	讚	하고	道	人	이	戀	色	하면	善
	함께 공	기릴 찬		이치 도	사람 인		그릴 연	빛 색		착할 선
神	이	捨	離	하나니라	四	大	가	忽	散	이라
신 신		버릴 사	떠날 리		넉 사	큰 대		갑자기 홀	흩을 산	

그러므로 어찌 계행이 없으면서 다른 사람들의 공양을 받을 수 있겠습니까?
수행이 없는 헛된 몸은 살려 봐야 이익이 없으며 무상한 뜬목숨은 사랑하고 아껴 봐야
지키지 못합니다. 용상대덕을 희망하면서 능히 오랜 고통을 참아 견디고
사자의 자리를 기약하여 영원히 욕심과 즐거움을 버릴 것입니다.
수행하는 사람의 마음이 청정하면 모든 천신들이 함께 찬탄하고
도를 닦는 사람이 이성을 그리워하면 선신들이 버리고 떠난답니다.

不	保	久	住	니		今	日	夕	矣	라		頗
아닐 불	지킬 보	오랠 구	살 주			이제 금	날 일	저물 석	어조사 의			자못 파
行	朝	哉		世	樂	이		後	苦	어늘		何
다닐 행	아침 조	어조사 재	인저	세상 세	즐길 락			뒤 후	괴로울 고			어찌 하
貪	着	哉		一	忍	이		長	樂	이어늘		何
탐낼 탐	붙을 착	어조사 재	며	한 일	참을 인			길 장	즐길 락			어찌 하
不	修	哉		道	人	貪	은	是	行	者		
아닐 불	닦을 수	어조사 재	리오	이치 도	사람 인	탐낼 탐		이 시	행할 행	사람 자		
羞	恥	。		出	家	富	는	是	君	子	所	
부끄러울 수	부끄러울 치	요		날 출	집 가	부유할 부		이 시	임금 군	아들 자	바 소	
笑	니라											
웃음 소												

3. 지금, 여기의 삶

지수화풍 사대육신은 홀연히 흩어져서 오랫동안 머물지 못하나니
오늘도 이미 늦었으니 자못 서두르십시오.
세상의 즐거움이 뒤에는 고통이 따르나니 어찌 탐착하겠으며
한 번 참는 것이 오랫동안 즐겁나니 어찌 수행하지 않겠습니까.
도를 닦는 사람이 탐욕을 부리는 것은 수행자의 부끄러움이요
출가한 사람이 부귀한 것은 군자들이 비웃는 바입니다.

遮	言	이	不	盡	이어늘	貪	着	不	已	하며
막을 차	말씀 언		아닐 부	다할 진		탐낼 탐	붙을 착	아닐 불	그칠 이	
第	二	無	盡	이어늘	不	斷	愛	着	하며	此
차례 제	두 이	없을 무	다할 진		아닐 부	끊을 단	사랑 애	붙을 착		이 차
事	無	限	이어늘	世	事	不	捨	하며	彼	謀
일 사	없을 무	한할 한		세상 세	일 사	아닐 불	버릴 사		저 피	꾀할 모
無	際	어늘	絶	心	不	起	로다	今	日	不
없을 무	즈음 제		끊을 절	마음 심	아닐 불	일어날 기		이제 금	날 일	아닐 부
盡	이어늘	造	惡	日	多	하며	明	日	無	盡
다할 진		지을 조	악할 악	날 일	많을 다		날이 샐 명	날 일	없을 무	다할 진
이어늘	作	善	日	少	하며	今	年	不	盡	이어늘
	지을 작	착할 선	날 일	적을 소		이제 금	해 년	아닐 부	다할 진	
無	限	煩	惱	하며	來	年	無	盡	이어늘	不
없을 무	한할 한	번거로울 번	번뇌할 뇌		올 내	해 년	없을 무	다할 진		아닐 부

막는 말이 끝이 없거늘 탐착하기를 그만두지 아니하며 '다음에 다음에' 하는 것이
다함이 없거늘 애착을 끊지 아니합니다. '이 일만 하고, 이 일만 하고' 하는 것이 한이 없지만
세상사를 버리지 못하며 '저 일만 하고, 저 일만 하고' 하는 것이 끝이 없지만 끊으려는
마음을 내지 못합니다. '오늘만 오늘만' 하는 것이 다함이 없건만 악을 짓는 것이 날마다
많아지며 '내일부터 내일부터' 하는 것이 끝이 없건만 선행을 하는 것은 날마다 줄어듭니다.
'금년만 금년만' 하는 것이 끝이 없건만 무한히 번뇌를 일으키며

進	菩	提	로다	時	時	移	移	하야	速	經
나아갈 진	보리 보	끌 제(리)		때 시	때 시	옮길 이	옮길 이		빠를 속	지날 경
日	夜	하며		日	日	移	移	하야	速	經	月
날 일	밤 야			날 일	날 일	옮길 이	옮길 이		빠를 속	지날 경	달 월
晦	하며		月	月	移	移	하야	忽	來	年	至
그믐 회			달 월	달 월	옮길 이	옮길 이		갑자기 홀	올 래	해 년	이를 지
하며		年	年	移	移	하야	暫	到	死	門	하나니
		해 연	해 년	옮길 이	옮길 이		잠시 잠	이를 도	죽을 사	문 문	
破	車	不	行	이요	老	人	不	修	라	臥
깨뜨릴 파	수레 거	아닐 불	다닐 행		늙을 노	사람 인	아닐 불	닦을 수		누울 와
生	懈	怠	하고	坐	起	亂	識	이로다	幾	生
날 생	게으를 해	게으를 태		앉을 좌	일어날 기	어지러울 난	알 식		몇 기	날 생
不	修	어늘	虛	過	日	夜	하며	幾	活	空
아닐 불	닦을 수		빌 허	지날 과	날 일	밤 야		몇 기	살 활	빌 공

'내년에는 내년에는' 하는 것이 다함이 없건만 깨달음에 나아가지 못합니다. 시간 시간이
옮기고 옮겨서 하루가 빨리도 지나가며, 하루 하루가 옮기고 옮겨서 한 달이 빨리도 지나가며,
한 달 한 달이 옮기고 옮겨서 홀연히 한 해가 지나가며, 한 해 한 해가 옮기고 옮겨서
잠깐 사이에 죽음에 이릅니다. 고장 난 수레는 움직이지 못하고 늙은 사람은 수행하지 못하나니
누워서는 게으름만 피우고 앉아서는 어지러운 생각만 일으킵니다.
얼마나 산다고 수행하지 아니하고 낮과 밤을 헛되게 보내며,

身	이어늘	一	生	不	修	오	身	必	有	終
몸 신		한 일	날 생	아닐 불	닦을 수		몸 신	반드시 필	있을 유	마칠 종

하리니	後	身	은	何	乎	아	莫	速	急	乎
	뒤 후	몸 신		어찌 하	-인가 호		없을 막	빠를 속	급할 급	-인가 호

며	莫	速	急	乎	인저
	없을 막	빠를 속	급할 급	-인가 호	

허망한 몸뚱이가 얼마나 살기에 일생을 수행하지 않습니까.

이 몸은 반드시 마칠 때가 있으리니 다음 생의 몸은 무엇이 될 것입니까.

급하지 아니하며 급하지 아니합니까.

<사경 2회>

發心修行章

發	心	修	行	章
필 **발**	마음 **심**	닦을 **수**	행할 **행**	글 **장**

1. 부처님의 삶, 중생의 삶

夫	諸	佛	諸	佛	이		莊	嚴	寂	滅	宮
대저 **부**	모두 **제**	부처 **불**	모두 **제**	부처 **불**			꾸밀 **장**	엄할 **엄**	고요할 **적**	멸할 **멸**	집 **궁**
은	於	多	劫	海	에		捨	欲	苦	行	이요
	어조사 **어**	많을 **다**	겁 **겁**	바다 **해**			버릴 **사**	하고자할 **욕**	괴로울 **고**	행할 **행**	
衆	生	衆	生	이		輪	廻	火	宅	門	은
무리 **중**	날 **생**	무리 **중**	날 **생**			바퀴 **윤**	돌 **회**	불 **화**	집 **택**	문 **문**	
於	無	量	世	에		貪	欲	不	捨	니라	無
어조사 **어**	없을 **무**	헤아릴 **량**	세상 **세**			탐낼 **탐**	하고자할 **욕**	아닐 **불**	버릴 **사**		없을 **무**
防	天	堂	에		少	往	至	者	는		三	毒
막을 **방**	하늘 **천**	집 **당**			적을 **소**	갈 **왕**	이를 **지**	사람 **자**			석 **삼**	독 **독**

보리심을 발하여 수행하는 글

모든 부처님과 모든 보살들이 깨달음을 이루어서 적멸한 세계를 장엄하신 것은
오래고 오랜 세월 동안 모든 욕심을 버리고 애써서 수행하신 까닭입니다.
일체중생이 불타는 집과 같은 사바세계에서 윤회하는 것은 한량없는 세상에서
탐욕을 버리지 못한 까닭입니다. 아무도 막지 않는 천당에 가는 사람이 적은 것은
탐진치와 온갖 번뇌로 자기 집의 재산으로 삼은 까닭이요,

煩	惱	로	爲	自	家	財	요	無	誘	惡
번거로울 번	번뇌할 뇌		삼을 위	스스로 자	집 가	재물 재		없을 무	꾈 유	악할 악
道	에	多	往	入	者	는	四	蛇	五	欲
길 도		많을 다	갈 왕	들 입	사람 자		넉 사	뱀 사	다섯 오	하고자할 욕
으로	爲	妄	心	寶	니라	人	誰	不	欲	歸
	삼을 위	허망할 망	마음 심	보배 보		사람 인	누구 수	아닐 불	하고자할 욕	돌아갈 귀
山	修	道	리오마는	而	爲	不	進	은	愛	欲
뫼 산	닦을 수	이치 도		말 이을 이	할 위	아닐 부	나아갈 진		사랑 애	하고자할 욕
所	纏	이니라	然	而	不	歸	山	藪	修	心
바 소	얽을 전		그럴 연	말 이을 이	아닐 불	돌아갈 귀	뫼 산	수풀 수	닦을 수	마음 심
이나	隨	自	信	力	하야	不	捨	善	行	이어다
	따를 수	스스로 자	믿을 신	힘 력		아닐 불	버릴 사	착할 선	행할 행	
自	樂	을	能	捨	하면	信	敬	如	聖	이요
스스로 자	즐길 락		능할 능	버릴 사		믿을 신	공경 경	같을 여	성인 성	

유혹하지도 않는 지옥 아귀 축생의 삼악도에 많이 들어가는 것은
사대육신과 다섯 가지 욕망으로 망령된 마음의 보물로 삼은 까닭입니다.
사람들이 누군들 산속에 들어가서 수행하고자 아니하리오마는
쉽사리 떠나지 못하는 것은 애욕에 얽혔기 때문입니다. 그러나 산속에 들어가서
수행하지는 못하더라도 자신들의 힘을 따라서 열심히 선행하도록 하십시오.
자신의 즐거움을 능히 버리면 성인과 같이 믿고 공경할 것이며

難	行	을	能	行	하면	尊	重	如	佛	이니라
어려울 난	행할 행		능할 능	행할 행		높을 존	무거울 중	같을 여	부처 불	
慳	貪	於	物	은		是	魔	眷	屬	이요	慈
아낄 간	탐낼 탐	어조사 어	물건 물			이 시	마귀 마	돌볼 권	무리 속		사랑 자
悲	布	施	는		是	法	王	子	니라
슬플 비	보시 보	베풀 시			이 시	법 법	임금 왕	아들 자	

2. 수행자의 삶

高	嶽	峨	巖	은		智	人	所	居	요		碧
높을 고	큰산 악	높을 아	바위 암			슬기 지	사람 인	바 소	살 거			푸를 벽
松	深	谷	은		行	者	所	棲	니라		飢	飧
소나무 송	깊을 심	골 곡			행할 행	사람 자	바 소	깃들일 서			주릴 기	저녁밥 손
木	果	하야	慰	其	飢	腸	하고		渴	飮	流
나무 목	열매 과		위로할 위	그 기	주릴 기	창자 장			목마를 갈	마실 음	흐를 유

어려운 수행을 능히 행하면 부처님과 같이 존중할 것입니다. 재물을 아끼고 탐하는 사람은
마군의 권속이요 자비로 베풀고 나누는 사람은 부처님의 아들딸입니다.

높은 산과 빼어난 바위들은 지혜로운 사람들의 머무는 곳이고 푸른 소나무와 깊은 골짜기는
수행하는 사람들의 머무는 곳입니다. 배가 주리면 나무에 달린 과일을 먹어서
그 주린 창자를 위로하고 목이 마르면 흐르는 물을 마시어 그 갈증을 달래십시오.

水 하야	息	其	渴	情 이니라		喫	甘	愛	養
물 수	쉴 식	그 기	목마를 갈	뜻 정		먹을 끽	달 감	사랑 애	기를 양
하야도	此	身 은	定	壞 요		着	柔	守	護
	이 차	몸 신	정할 정	무너질 괴		붙을 착	부드러울 유	지킬 수	보호할 호
하야도	命	必	有	終 이니라		助	響	巖	穴 로
	목숨 명	반드시 필	있을 유	마칠 종		도울 조	울릴 향	바위 암	구멍 혈
爲	念	佛	堂 하고	哀	鳴	鴨	鳥 로		爲
삼을 위	생각 염	부처 불	집 당	슬플 애	울 명	오리 압	새 조		삼을 위
歡	心	友 니라	拜	膝 이		如	氷 이라도		無
기쁠 환	마음 심	벗 우	절 배	무릎 슬		같을 여	얼음 빙		없을 무
戀	火	心 하며	餓	腸 이		如	切 이라도		無
그릴 연	불 화	마음 심	주릴 아	창자 장		같을 여	끊을 절		없을 무
求	食	念 이니라	忽	至	百	年 이어늘		云	何
구할 구	밥 식	생각 념	갑자기 홀	이를 지	일백 백	해 년		이를 운	어찌 하

맛있는 음식을 먹어서 육신을 아끼고 기르더라도 이 몸뚱이는 결정코 무너질 것이요
부드러운 옷을 입어서 지키고 보호하더라도 목숨은 반드시 마칠 때가 있을 것입니다.
메아리 소리 울려 퍼지는 바위굴로써 염불하는 집을 삼고 슬피 우는 오리와 새들로 마음을 달래는
벗을 삼을 것입니다. 절을 하는 무릎이 얼음과 같이 시리더라도 따뜻한 불을 생각하는 마음이 없고,
주린 창자가 끊어질 듯하더라도 음식을 구하고자 하는 생각이 없어야 합니다.
홀연히 백년 세월에 이르거늘 어찌 배우지 아니하며

不	學	이며	一	生	이	幾	何	관대	不	修
아닐 불	배울 학		한 일	날 생		몇 기	어찌 하		아닐 불	닦을 수
放	逸	고	離	心	中	愛	를	是	名	沙
놓을 방	편안할 일		떠날 이	마음 심	가운데 중	사랑 애		이 시	이름 명	모래 사
門	이요	不	戀	世	俗	을	是	名	出	家
문 문		아닐 불	그릴 연	세상 세	풍속 속		이 시	이름 명	날 출	집 가
니라	行	者	羅	網	은	狗	被	象	皮	요
	행할 행	사람 자	걸릴 라	그물 망		개 구	입을 피	코끼리 상	가죽 피	
道	人	戀	懷	는	蝟	入	鼠	宮	이니라	雖
이치 도	사람 인	그릴 연	품을 회		고슴도치 위	들 입	쥐 서	집 궁		비록 수
有	才	智	나	居	邑	家	者	는	諸	佛
있을 유	재주 재	슬기 지		살 거	고을 읍	집 가	사람 자		모두 제	부처 불
이	是	人	에	生	悲	憂	心	하시고	設	無
	이 시	사람 인		날 생	슬플 비	근심 우	마음 심		가령 설	없을 무

일생이 얼마나 된다고 수행하지 아니하고 게으름을 피웁니까? 마음속에서 애착을 떠나야
스님이라고 이름할 수 있고 세속을 그리워하지 않아야 출가한 사람이라고 할 수 있습니다.
수행하는 사람이 세상일에 휩싸이는 것은 개가 코끼리의 가죽을 덮어쓰는 것이요
도를 닦는 사람이 외롭고 쓸쓸한 생각을 품는 것은 고슴도치가 쥐구멍에 들어가는 격입니다.
비록 재주와 지혜가 있더라도 도시에 사는 사람들에 대해서는
모든 부처님이 이 사람에 대해서 근심하는 마음을 내고

道	行	이나	住	山	室	者	는	衆	聖	이
이치 도	행할 행		살 주	뫼 산	집 실	사람 자		무리 중	성인 성	

是	人	에	生	歡	喜	心	하나니라	雖	有	才
이 시	사람 인		날 생	기쁠 환	기쁠 희	마음 심		비록 수	있을 유	재주 재

學	이나	無	戒	行	者	는	如	寶	所	導
배울 학		없을 무	경계할 계	행할 행	사람 자		같을 여	보배 보	곳 소	길 도

而	不	起	行	이요	雖	有	勤	行	이나	無
말이을 이	아닐 불	일어날 기	다닐 행		비록 수	있을 유	부지런할 근	행할 행		없을 무

智	慧	者	는	欲	往	東	方	而	向	西
슬기 지	슬기로울 혜	사람 자		하고자할 욕	갈 왕	동녘 동	방위 방	말이을 이	향할 향	서녘 서

行	이니라	有	智	人	의	所	行	은	蒸	米
다닐 행		있을 유	슬기 지	사람 인		바 소	행할 행		찔 증	쌀 미

作	飯	이요	無	智	人	의	所	行	은	蒸
지을 작	밥 반		없을 무	슬기 지	사람 인		바 소	행할 행		찔 증

설사 도가 없더라도 산속에 사는 사람들에 대해서는 여러 성인들이 이 사람에 대해서
환희하는 마음을 냅니다. 비록 재능과 학문이 있더라도 계행이 없는 사람은
보물이 있는 곳으로 인도하여도 일어나서 가지 않는 것과 같고, 비록 부지런히 실천하더라도
지혜가 없는 사람은 동쪽으로 가고자 하면서 서쪽으로 향하여 가는 것과 같습니다.
지혜가 있는 사람이 하는 일은 쌀로써 밥을 짓는 것이요,
지혜가 없는 사람이 하는 일은 모래로써 밥을 짓는 것입니다.

沙	作	飯	이니라	共	知	喫	食	而	慰	飢
모래 사	지을 작	밥 반		함께 공	알 지	먹을 끽	밥 식	말 이을 이	위로할 위	주릴 기
腸		不	知	學	法	而	改	癡	心	이니라
창자 장	호되	아닐 부	알 지	배울 학	법 법	말 이을 이	고칠 개	어리석을 치	마음 심	
行	智	俱	備	는	如	車	二	輪	이요	自
행할 행	슬기 지	함께 구	갖출 비		같을 여	수레 거	두 이	바퀴 륜		스스로 자
利	利	他	는	如	鳥	兩	翼	이니라	得	粥
이로울 리	이로울 이	다를 타		같을 여	새 조	두 양	날개 익		얻을 득	죽 죽
祝	願	호대	不	解	其	意	하면	亦	不	檀
빌 축	원할 원		아닐 불	풀 해	그 기	뜻 의		또 역	아닐 부	박달나무 단
越	에	應	羞	恥	乎	며	得	食	唱	唄
넘을 월		응당 응	부끄러울 수	부끄러울 치	어조사 호		얻을 득	밥 식	노래 창	찬불 패
호대	不	達	其	趣	하면	亦	不	賢	聖	에
	아닐 부	통달할 달	그 기	뜻 취		또 역	아닐 불	어질 현	성인 성	

모든 사람들이 밥을 먹어서 주린 창자를 위로할 줄 알면서 불법을 배워서 어리석은 마음을
고칠 줄은 알지 못합니다. 행동과 지혜가 다 갖춰진 것은 수레의 두 바퀴와 같고
자신도 이롭고 다른 이도 이롭게 하는 것은 새의 두 날개와 같습니다.
죽을 받아서 축원하되 그 의미를 알지 못하면 또한 신도들에게 반드시 부끄럽지 아니하며,
밥을 받아서 염불을 하되 그 취지를 알지 못하면 또한 현자와 성인들에게 부끄럽지 아니한가요.

應	慚	愧	乎	아	人	惡	尾	虫	이	不
응당 응	부끄러워할 참	부끄러울 괴	어조사 호		사람 인	미워할 오	꼬리 미	벌레 충		아닐 불
辨	淨	穢	인달하야	聖	憎	沙	門	이	不	辨
분별할 변	깨끗할 정	더러울 예		성인 성	미워할 증	모래 사	문 문		아닐 불	분별할 변
淨	穢	니라	棄	世	間	喧	하고	乘	空	天
깨끗할 정	더러울 예		버릴 기	세상 세	사이 간	지껄일 훤		탈 승	빌 공	하늘 천
上	은	戒	爲	善	梯	니	是	故	로	破
위 상		경계할 계	될 위	좋을 선	사다리 제		이 시	연고 고		깨뜨릴 파
戒	하고	爲	他	福	田	은	如	折	翼	鳥
경계할 계		될 위	다를 타	복 복	밭 전		같을 여	꺾을 절	날개 익	새 조
가	負	龜	翔	空	이라	自	罪	를	未	脫
	질 부	거북 구	날 상	빌 공		스스로 자	허물 죄		아닐 미	벗을 탈
하면	他	罪	를	不	贖	이니라	然	이나	豈	無
	다를 타	허물 죄		아닐 불	속죄할 속		그럴 연		어찌 기	없을 무

사람들은 구더기가 깨끗하고 더러움을 분별하지 못하는 것을 싫어하듯이
성인들은 스님으로서 깨끗하고 더러움을 분별하지 못하는 것을 미워합니다.
세상의 시끄러움을 버리고 텅 빈 천상에 올라가는 데는 계행이 좋은 사다리가 되나니
그러므로 계를 파하고 다른 사람들의 복전이 되는 것은
날개 부러진 새가 거북을 등에 업고 하늘로 날아가려는 것과 같습니다.
자신의 죄를 벗지 못하고서는 다른 사람의 죄를 면하게 해 주지 못하나니

戒	行	하고	受	他	供	給	이리오	無	行	空
경계할 계	행할 행		받을 수	다를 타	이바지할 공	줄 급		없을 무	행할 행	빌 공
身	은	養	無	利	益	이요	無	常	浮	命
몸 신		기를 양	없을 무	이로울 이	더할 익		없을 무	항상 상	뜰 부	목숨 명
은		愛	惜	不	保	나라	望	龍	象	德	하야
		사랑 애	아낄 석	아닐 불	지킬 보		바랄 망	용 용	코끼리 상	덕 덕	
能	忍	長	苦	하고	期	獅	子	座	하야	永
능할 능	참을 인	길 장	괴로울 고		기약할 기	사자 사	아들 자	자리 좌		길 영
背	欲	樂	이니라	行	者	心	淨	하면	諸	天
등 배	하고자할 욕	즐길 락		행할 행	사람 자	마음 심	깨끗할 정		모두 제	하늘 천
이	共	讚	하고	道	人	이	戀	色	하면	善
	함께 공	기릴 찬		이치 도	사람 인		그릴 연	빛 색		착할 선
神	이	捨	離	하나니라	四	大	가	忽	散	이라
신 신		버릴 사	떠날 리		넉 사	큰 대		갑자기 홀	흩을 산	

그러므로 어찌 계행이 없으면서 다른 사람들의 공양을 받을 수 있겠습니까?
수행이 없는 헛된 몸은 살려 봐야 이익이 없으며 무상한 뜬목숨은 사랑하고 아껴 봐야
지키지 못합니다. 용상대덕을 희망하면서 능히 오랜 고통을 참아 견디고
사자의 자리를 기약하여 영원히 욕심과 즐거움을 버릴 것입니다.
수행하는 사람의 마음이 청정하면 모든 천신들이 함께 찬탄하고
도를 닦는 사람이 이성을 그리워하면 선신들이 버리고 떠난답니다.

不	保	久	住 니		今	日	夕	矣 라		頗
아닐 불	지킬 보	오랠 구	살 주		이제 금	날 일	저물 석	어조사 의		자못 파
行	朝	哉	인저	世	樂 이		後	苦 어늘		何
다닐 행	아침 조	어조사 재		세상 세	즐길 락		뒤 후	괴로울 고		어찌 하
貪	着	哉	며	一	忍 이		長	樂 이어늘		何
탐낼 탐	붙을 착	어조사 재		한 일	참을 인		길 장	즐길 락		어찌 하
不	修	哉	리오	道	人	貪 은		是	行	者
아닐 불	닦을 수	어조사 재		이치 도	사람 인	탐낼 탐		이 시	행할 행	사람 자
羞	恥	요		出	家	富 는		是	君	子 所
부끄러울 수	부끄러울 치			날 출	집 가	부유할 부		이 시	임금 군	아들 자	바 소
笑 니라										
웃음 소										

3. 지금, 여기의 삶

지수화풍 사대육신은 홀연히 흩어져서 오랫동안 머물지 못하나니
오늘도 이미 늦었으니 자못 서두르십시오.
세상의 즐거움이 뒤에는 고통이 따르나니 어찌 탐착하겠으며
한 번 참는 것이 오랫동안 즐겁나니 어찌 수행하지 않겠습니까.
도를 닦는 사람이 탐욕을 부리는 것은 수행자의 부끄러움이요
출가한 사람이 부귀한 것은 군자들이 비웃는 바입니다.

遮 言 이 不 盡 이어늘 貪 着 不 已 하며
막을 **차** / 말씀 **언** / 아닐 **부** / 다할 **진** / 탐낼 **탐** / 붙을 **착** / 아닐 **불** / 그칠 **이**

第 二 無 盡 이어늘 不 斷 愛 着 하며 此
차례 **제** / 두 **이** / 없을 **무** / 다할 **진** / 아닐 **부** / 끊을 **단** / 사랑 **애** / 붙을 **착** / 이 **차**

事 無 限 이어늘 世 事 不 捨 하며 彼 謀
일 **사** / 없을 **무** / 한할 **한** / 세상 **세** / 일 **사** / 아닐 **불** / 버릴 **사** / 저 **피** / 꾀할 **모**

無 際 어늘 絶 心 不 起 로다 今 日 不
없을 **무** / 즈음 **제** / 끊을 **절** / 마음 **심** / 아닐 **불** / 일어날 **기** / 이제 **금** / 날 **일** / 아닐 **부**

盡 이어늘 造 惡 日 多 하며 明 日 無 盡
다할 **진** / 지을 **조** / 악할 **악** / 날 **일** / 많을 **다** / 날이 샐 **명** / 날 **일** / 없을 **무** / 다할 **진**

이어늘 作 善 日 少 하며 今 年 不 盡 이어늘
지을 **작** / 착할 **선** / 날 **일** / 적을 **소** / 이제 **금** / 해 **년** / 아닐 **부** / 다할 **진**

無 限 煩 惱 하며 來 年 無 盡 이어늘 不
없을 **무** / 한할 **한** / 번거로울 **번** / 번뇌할 **뇌** / 올 **내** / 해 **년** / 없을 **무** / 다할 **진** / 아닐 **부**

막는 말이 끝이 없거늘 탐착하기를 그만두지 아니하며 '다음에 다음에' 하는 것이
다함이 없거늘 애착을 끊지 아니합니다. '이 일만 하고, 이 일만 하고' 하는 것이 한이 없지만
세상사를 버리지 못하며 '저 일만 하고, 저 일만 하고' 하는 것이 끝이 없지만 끊으려는
마음을 내지 못합니다. '오늘만 오늘만' 하는 것이 다함이 없건만 악을 짓는 것이 날마다
많아지며 '내일부터 내일부터' 하는 것이 끝이 없건만 선행을 하는 것은 날마다 줄어듭니다.
'금년만 금년만' 하는 것이 끝이 없건만 무한히 번뇌를 일으키며

進	菩	提	로다	時	時	移	移	하야		速	經
나아갈 진	보리 보	끝 제(리)		때 시	때 시	옮길 이	옮길 이			빠를 속	지날 경
日	夜	하며	日	日	移	移	하야		速	經	月
날 일	밤 야		날 일	날 일	옮길 이	옮길 이			빠를 속	지날 경	달 월
晦	하며	月	月	移	移	하야		忽	來	年	至
그믐 회		달 월	달 월	옮길 이	옮길 이			갑자기 홀	올 래	해 년	이를 지
하며	年	年	移	移	하야		暫	到	死	門	하나니
	해 연	해 년	옮길 이	옮길 이			잠시 잠	이를 도	죽을 사	문 문	
破	車	不	行	이요	老	人	不	修	라		臥
깨뜨릴 파	수레 거	아닐 불	다닐 행		늙을 노	사람 인	아닐 불	닦을 수			누울 와
生	懈	怠	하고	坐	起	亂	識	이로다		幾	生
날 생	게으를 해	게으를 태		앉을 좌	일어날 기	어지러울 난	알 식			몇 기	날 생
不	修	어늘	虛	過	日	夜	하며			幾	活	空
아닐 불	닦을 수		빌 허	지날 과	날 일	밤 야				몇 기	살 활	빌 공

'내년에는 내년에는' 하는 것이 다함이 없건만 깨달음에 나아가지 못합니다. 시간 시간이
옮기고 옮겨서 하루가 빨리도 지나가며, 하루 하루가 옮기고 옮겨서 한 달이 빨리도 지나가며,
한 달 한 달이 옮기고 옮겨서 홀연히 한 해가 지나가며, 한 해 한 해가 옮기고 옮겨서
잠깐 사이에 죽음에 이릅니다. 고장 난 수레는 움직이지 못하고 늙은 사람은 수행하지 못하나니
누워서는 게으름만 피우고 앉아서는 어지러운 생각만 일으킵니다.
얼마나 산다고 수행하지 아니하고 낮과 밤을 헛되게 보내며,

身	이어늘	一	生	不	修	오	身	必	有	終
몸 신		한 일	날 생	아닐 불	닦을 수		몸 신	반드시 필	있을 유	마칠 종

하리니	後	身	은	何	乎	아	莫	速	急	乎
	뒤 후	몸 신		어찌 하	-인가 호		없을 막	빠를 속	급할 급	-인가 호

며	莫	速	急	乎	인저
	없을 막	빠를 속	급할 급	-인가 호	

허망한 몸뚱이가 얼마나 살기에 일생을 수행하지 않습니까.

이 몸은 반드시 마칠 때가 있으리니 다음 생의 몸은 무엇이 될 것입니까.

급하지 아니하며 급하지 아니합니까.

〈사경 3회〉

發	心	修	行	章						
필 발	마음 심	닦을 수	행할 행	글 장					海東沙門 元曉	

1. 부처님의 삶, 중생의 삶

夫	諸	佛	諸	佛	이	莊	嚴	寂	滅	宮
대저 부	모두 제	부처 불	모두 제	부처 불		꾸밀 장	엄할 엄	고요할 적	멸할 멸	집 궁
은	於	多	劫	海	에	捨	欲	苦	行	이요
	어조사 어	많을 다	겁 겁	바다 해		버릴 사	하고자할 욕	괴로울 고	행할 행	
衆	生	衆	生	이		輪	廻	火	宅	門
무리 중	날 생	무리 중	날 생			바퀴 윤	돌 회	불 화	집 택	문 문	은
於	無	量	世	에		貪	欲	不	捨	無
어조사 어	없을 무	헤아릴 량	세상 세			탐낼 탐	하고자할 욕	아닐 불	버릴 사	나라	없을 무
防	天	堂	에		少	往	至	者	는	三	毒
막을 방	하늘 천	집 당			적을 소	갈 왕	이를 지	사람 자		석 삼	독 독

보리심을 발하여 수행하는 글

모든 부처님과 모든 보살들이 깨달음을 이루어서 적멸한 세계를 장엄하신 것은
오래고 오랜 세월 동안 모든 욕심을 버리고 애써서 수행하신 까닭입니다.
일체중생이 불타는 집과 같은 사바세계에서 윤회하는 것은 한량없는 세상에서
탐욕을 버리지 못한 까닭입니다. 아무도 막지 않는 천당에 가는 사람이 적은 것은
탐진치와 온갖 번뇌로 자기 집의 재산으로 삼은 까닭이요,

煩	惱	로		爲	自	家	財	요		無	誘	惡
번거로울 **번**	번뇌할 **뇌**			삼을 **위**	스스로 **자**	집 **가**	재물 **재**			없을 **무**	꾈 **유**	악할 **악**
道	에		多	往	入	者	는		四	蛇	五	欲
길 **도**			많을 **다**	갈 **왕**	들 **입**	사람 **자**			넉 **사**	뱀 **사**	다섯 **오**	하고자할 **욕**
으로	爲	妄	心	寶	니라		人	誰	不	欲	歸
	삼을 **위**	허망할 **망**	마음 **심**	보배 **보**			사람 **인**	누구 **수**	아닐 **불**	하고자할 **욕**	돌아갈 **귀**
山	修	道	리오마는	而	爲	不	進	은		愛	欲
뫼 **산**	닦을 **수**	이치 **도**		말 이을 **이**	할 **위**	아닐 **부**	나아갈 **진**			사랑 **애**	하고자할 **욕**
所	纏	이니라	然	而	不	歸	山	藪	修	心
바 **소**	얽을 **전**		그럴 **연**	말 이을 **이**	아닐 **불**	돌아갈 **귀**	뫼 **산**	수풀 **수**	닦을 **수**	마음 **심**
이나	隨	自	信	力	하야	不	捨	善	行	이어다
	따를 **수**	스스로 **자**	믿을 **신**	힘 **력**		아닐 **불**	버릴 **사**	착할 **선**	행할 **행**	
自	樂	을	能	捨	하면	信	敬	如	聖	이요
스스로 **자**	즐길 **락**		능할 **능**	버릴 **사**		믿을 **신**	공경 **경**	같을 **여**	성인 **성**	

유혹하지도 않는 지옥 아귀 축생의 삼악도에 많이 들어가는 것은
사대육신과 다섯 가지 욕망으로 망령된 마음의 보물로 삼은 까닭입니다.
사람들이 누군들 산속에 들어가서 수행하고자 아니하리오마는
쉽사리 떠나지 못하는 것은 애욕에 얽혔기 때문입니다. 그러나 산속에 들어가서
수행하지는 못하더라도 자신들의 힘을 따라서 열심히 선행하도록 하십시오.
자신의 즐거움을 능히 버리면 성인과 같이 믿고 공경할 것이며

難	行	을	能	行	하면	尊	重	如	佛	이니라
어려울 난	행할 행		능할 능	행할 행		높을 존	무거울 중	같을 여	부처 불	
慳	貪	於	物	은	是	魔	眷	屬	이요	慈
아낄 간	탐낼 탐	어조사 어	물건 물		이 시	마귀 마	돌볼 권	무리 속		사랑 자
悲	布	施	는		是	法	王	子	니라	
슬플 비	보시 보	베풀 시			이 시	법 법	임금 왕	아들 자		

2. 수행자의 삶

高	嶽	峩	巖	은	智	人	所	居	요	碧
높을 고	큰산 악	높을 아	바위 암		슬기 지	사람 인	바 소	살 거		푸를 벽
松	深	谷	은		行	者	所	捿	니라	飢	飱
소나무 송	깊을 심	골 곡			행할 행	사람 자	바 소	깃들일 서		주릴 기	저녁밥 손
木	果	하야	慰	其	飢	腸	하고	渴	飮	流
나무 목	열매 과		위로할 위	그 기	주릴 기	창자 장		목마를 갈	마실 음	흐를 유

어려운 수행을 능히 행하면 부처님과 같이 존중할 것입니다. 재물을 아끼고 탐하는 사람은
마군의 권속이요 자비로 베풀고 나누는 사람은 부처님의 아들딸입니다.

높은 산과 빼어난 바위들은 지혜로운 사람들의 머무는 곳이고 푸른 소나무와 깊은 골짜기는
수행하는 사람들의 머무는 곳입니다. 배가 주리면 나무에 달린 과일을 먹어서
그 주린 창자를 위로하고 목이 마르면 흐르는 물을 마시어 그 갈증을 달래십시오.

水	하야	息	其	渴	情	이니라	喫	甘	愛	養
물 수		쉴 식	그 기	목마를 갈	뜻 정		먹을 끽	달 감	사랑 애	기를 양
하야도	此	身	은	定	壞	요	着	柔	守	護
	이 차	몸 신		정할 정	무너질 괴		붙을 착	부드러울 유	지킬 수	보호할 호
하야도	命	必	有	終	이니라		助	響	巖	穴	로
	목숨 명	반드시 필	있을 유	마칠 종			도울 조	울릴 향	바위 암	구멍 혈	
爲	念	佛	堂	하고	哀	鳴	鴨	鳥	로	爲
삼을 위	생각 염	부처 불	집 당		슬플 애	울 명	오리 압	새 조		삼을 위
歡	心	友	니라	拜	膝	이	如	氷	이라도	無
기쁠 환	마음 심	벗 우		절 배	무릎 슬		같을 여	얼음 빙		없을 무
戀	火	心	하며	餓	腸	이	如	切	이라도	無
그릴 연	불 화	마음 심		주릴 아	창자 장		같을 여	끊을 절		없을 무
求	食	念	이니라	忽	至	百	年	이어늘	云	何
구할 구	밥 식	생각 념		갑자기 홀	이를 지	일백 백	해 년		이를 운	어찌 하

맛있는 음식을 먹어서 육신을 아끼고 기르더라도 이 몸뚱이는 결정코 무너질 것이요
부드러운 옷을 입어서 지키고 보호하더라도 목숨은 반드시 마칠 때가 있을 것입니다.
메아리 소리 울려 퍼지는 바위굴로써 염불하는 집을 삼고 슬피 우는 오리와 새들로 마음을 달래는
벗을 삼을 것입니다. 절을 하는 무릎이 얼음과 같이 시리더라도 따뜻한 불을 생각하는 마음이 없고,
주린 창자가 끊어질 듯하더라도 음식을 구하고자 하는 생각이 없어야 합니다.
홀연히 백년 세월에 이르거늘 어찌 배우지 아니하며

不	學	이며	一	生	이	幾	何	관대		不	修
아닐 불	배울 학		한 일	날 생		몇 기	어찌 하			아닐 불	닦을 수
放	逸	고	離	心	中	愛	를		是	名	沙
놓을 방	편안할 일		떠날 이	마음 심	가운데 중	사랑 애			이 시	이름 명	모래 사
門		이요	不	戀	世	俗	을		是	名	出	家
문 문			아닐 불	그릴 연	세상 세	풍속 속			이 시	이름 명	날 출	집 가
니라	行	者	羅	網	은	狗	被	象	皮	요
	행할 행	사람 자	걸릴 라	그물 망		개 구	입을 피	코끼리 상	가죽 피	
道	人	戀	懷	는	蝟	入	鼠	宮	이니라	雖
이치 도	사람 인	그릴 연	품을 회		고슴도치 위	들 입	쥐 서	집 궁		비록 수
有	才	智	나	居	邑	家	者	는	諸	佛
있을 유	재주 재	슬기 지		살 거	고을 읍	집 가	사람 자		모두 제	부처 불
이	是	人	에	生	悲	憂	心	하시고	設	無
	이 시	사람 인		날 생	슬플 비	근심 우	마음 심		가령 설	없을 무

일생이 얼마나 된다고 수행하지 아니하고 게으름을 피웁니까? 마음속에서 애착을 떠나야
스님이라고 이름할 수 있고 세속을 그리워하지 않아야 출가한 사람이라고 할 수 있습니다.
수행하는 사람이 세상일에 휩싸이는 것은 개가 코끼리의 가죽을 덮어쓰는 것이요
도를 닦는 사람이 외롭고 쓸쓸한 생각을 품는 것은 고슴도치가 쥐구멍에 들어가는 격입니다.
비록 재주와 지혜가 있더라도 도시에 사는 사람들에 대해서는
모든 부처님이 이 사람에 대해서 근심하는 마음을 내고

道	行	이나	住	山	室	者	는	衆	聖	이
이치 도	행할 행		살 주	뫼 산	집 실	사람 자		무리 중	성인 성	

是	人	에	生	歡	喜	心	하나니라	雖	有	才
이 시	사람 인		날 생	기쁠 환	기쁠 희	마음 심		비록 수	있을 유	재주 재

學	이나	無	戒	行	者	는	如	寶	所	導
배울 학		없을 무	경계할 계	행할 행	사람 자		같을 여	보배 보	곳 소	길 도

而	不	起	行	이요	雖	有	勤	行	이나	無
말이을 이	아닐 불	일어날 기	다닐 행		비록 수	있을 유	부지런할 근	행할 행		없을 무

智	慧	者	는	欲	往	東	方	而	向	西
슬기 지	슬기로울 혜	사람 자		하고자할 욕	갈 왕	동녘 동	방위 방	말 이을 이	향할 향	서녘 서

行	이니라	有	智	人	의	所	行	은	蒸	米
다닐 행		있을 유	슬기 지	사람 인		바 소	행할 행		찔 증	쌀 미

作	飯	이요	無	智	人	의	所	行	은	蒸
지을 작	밥 반		없을 무	슬기 지	사람 인		바 소	행할 행		찔 증

설사 도가 없더라도 산속에 사는 사람들에 대해서는 여러 성인들이 이 사람에 대해서
환희하는 마음을 냅니다. 비록 재능과 학문이 있더라도 계행이 없는 사람은
보물이 있는 곳으로 인도하여도 일어나서 가지 않는 것과 같고, 비록 부지런히 실천하더라도
지혜가 없는 사람은 동쪽으로 가고자 하면서 서쪽으로 향하여 가는 것과 같습니다.
지혜가 있는 사람이 하는 일은 쌀로써 밥을 짓는 것이요,
지혜가 없는 사람이 하는 일은 모래로써 밥을 짓는 것입니다.

沙	作	飯	이니라	共	知	喫	食	而	慰	飢
모래 사	지을 작	밥 반		함께 공	알 지	먹을 끽	밥 식	말 이을 이	위로할 위	주릴 기
腸	호되	不	知	學	法	而	改	癡	心	이니라
창자 장		아닐 부	알 지	배울 학	법 법	말 이을 이	고칠 개	어리석을 치	마음 심	
行	智	俱	備	는	如	車	二	輪	이요	自
행할 행	슬기 지	함께 구	갖출 비		같을 여	수레 거	두 이	바퀴 륜		스스로 자
利	利	他	는	如	鳥	兩	翼	이니라	得	粥
이로울 리	이로울 이	다를 타		같을 여	새 조	두 양	날개 익		얻을 득	죽 죽
祝	願	호대	不	解	其	意	하면	亦	不	檀
빌 축	원할 원		아닐 불	풀 해	그 기	뜻 의		또 역	아닐 부	박달나무 단
越	에	應	羞	恥	乎	며	得	食	唱	唄
넘을 월		응당 응	부끄러울 수	부끄러울 치	어조사 호		얻을 득	밥 식	노래 창	찬불 패
호대	不	達	其	趣	하면	亦	不	賢	聖	에
	아닐 부	통달할 달	그 기	뜻 취		또 역	아닐 불	어질 현	성인 성	

모든 사람들이 밥을 먹어서 주린 창자를 위로할 줄 알면서 불법을 배워서 어리석은 마음을
고칠 줄은 알지 못합니다. 행동과 지혜가 다 갖춰진 것은 수레의 두 바퀴와 같고
자신도 이롭고 다른 이도 이롭게 하는 것은 새의 두 날개와 같습니다.
죽을 받아서 축원하되 그 의미를 알지 못하면 또한 신도들에게 반드시 부끄럽지 아니하며,
밥을 받아서 염불을 하되 그 취지를 알지 못하면 또한 현자와 성인들에게 부끄럽지 아니한가요.

應	慚	愧	乎	아	人	惡	尾	虫	이	不
응당 응	부끄러워할 참	부끄러울 괴	어조사 호		사람 인	미워할 오	꼬리 미	벌레 충		아닐 불
辨	淨	穢	인달하야	聖	憎	沙	門	이	不	辨
분별할 변	깨끗할 정	더러울 예		성인 성	미워할 증	모래 사	문 문		아닐 불	분별할 변
淨	穢	나라	棄	世	間	喧	하고	乘	空	天
깨끗할 정	더러울 예		버릴 기	세상 세	사이 간	지껄일 훤		탈 승	빌 공	하늘 천
上	은	戒	爲	善	梯	니	是	故	로	破
위 상		경계할 계	될 위	좋을 선	사다리 제		이 시	연고 고		깨뜨릴 파
戒	하고	爲	他	福	田	은	如	折	翼	鳥
경계할 계		될 위	다를 타	복 복	밭 전		같을 여	꺾을 절	날개 익	새 조
가	負	龜	翔	空	이라	自	罪	를	未	脫
	질 부	거북 구	날 상	빌 공		스스로 자	허물 죄		아닐 미	벗을 탈
하면	他	罪	를	不	贖	이니라	然	이나	豈	無
	다를 타	허물 죄		아닐 불	속죄할 속		그럴 연		어찌 기	없을 무

사람들은 구더기가 깨끗하고 더러움을 분별하지 못하는 것을 싫어하듯이
성인들은 스님으로서 깨끗하고 더러움을 분별하지 못하는 것을 미워합니다.
세상의 시끄러움을 버리고 텅 빈 천상에 올라가는 데는 계행이 좋은 사다리가 되나니
그러므로 계를 파하고 다른 사람들의 복전이 되는 것은
날개 부러진 새가 거북을 등에 업고 하늘로 날아가려는 것과 같습니다.
자신의 죄를 벗지 못하고서는 다른 사람의 죄를 면하게 해 주지 못하나니

戒	行	하고	受	他	供	給	이리오	無	行	空
경계할 **계**	행할 **행**		받을 **수**	다를 **타**	이바지할 **공**	줄 **급**		없을 **무**	행할 **행**	빌 **공**
身	은	養	無	利	益	이요	無	常	浮	命
몸 **신**		기를 **양**	없을 **무**	이로울 **이**	더할 **익**		없을 **무**	항상 **상**	뜰 **부**	목숨 **명**
은	愛	惜	不	保	니라	望	龍	象	德	하야
	사랑 **애**	아낄 **석**	아닐 **불**	지킬 **보**		바랄 **망**	용 **용**	코끼리 **상**	덕 **덕**	
能	忍	長	苦	하고	期	獅	子	座	하야	永
능할 **능**	참을 **인**	길 **장**	괴로울 **고**		기약할 **기**	사자 **사**	아들 **자**	자리 **좌**		길 **영**
背	欲	樂	이니라	行	者	心	淨	하면	諸	天
등 **배**	하고자할 **욕**	즐길 **락**		행할 **행**	사람 **자**	마음 **심**	깨끗할 **정**		모두 **제**	하늘 **천**
이	共	讚	하고	道	人	이	戀	色	하면	善
	함께 **공**	기릴 **찬**		이치 **도**	사람 **인**		그릴 **연**	빛 **색**		착할 **선**
神	이	捨	離	하나니라	四	大	가	忽	散	이라
신 **신**		버릴 **사**	떠날 **리**		넉 **사**	큰 **대**		갑자기 **홀**	흩을 **산**	

그러므로 어찌 계행이 없으면서 다른 사람들의 공양을 받을 수 있겠습니까?
수행이 없는 헛된 몸은 살려 봐야 이익이 없으며 무상한 뜬목숨은 사랑하고 아껴 봐야
지키지 못합니다. 용상대덕을 희망하면서 능히 오랜 고통을 참아 견디고
사자의 자리를 기약하여 영원히 욕심과 즐거움을 버릴 것입니다.
수행하는 사람의 마음이 청정하면 모든 천신들이 함께 찬탄하고
도를 닦는 사람이 이성을 그리워하면 선신들이 버리고 떠난답니다.

不	保	久	住	니	今	日	夕	矣	라	頗
아닐 **불**	지킬 **보**	오랠 **구**	살 **주**		이제 **금**	날 **일**	저물 **석**	어조사 **의**		자못 **파**

行	朝	哉		世	樂	이	後	苦	어늘	何
다닐 **행**	아침 **조**	어조사 **재**	인저	세상 **세**	즐길 **락**		뒤 **후**	괴로울 **고**		어찌 **하**

貪	着	哉		一	忍	이	長	樂	이어늘	何
탐낼 **탐**	붙을 **착**	어조사 **재**	며	한 **일**	참을 **인**		길 **장**	즐길 **락**		어찌 **하**

不	修	哉		道	人	貪	은	是	行	者
아닐 **불**	닦을 **수**	어조사 **재**	리오	이치 **도**	사람 **인**	탐낼 **탐**		이 **시**	행할 **행**	사람 **자**

羞	恥	요	出	家	富	는	是	君	子	所
부끄러울 **수**	부끄러울 **치**		날 **출**	집 **가**	부유할 **부**		이 **시**	임금 **군**	아들 **자**	바 **소**

笑	니라
웃음 **소**	

3. 지금, 여기의 삶

지수화풍 사대육신은 홀연히 흩어져서 오랫동안 머물지 못하나니
오늘도 이미 늦었으니 자못 서두르십시오.
세상의 즐거움이 뒤에는 고통이 따르나니 어찌 탐착하겠으며
한 번 참는 것이 오랫동안 즐겁나니 어찌 수행하지 않겠습니까.
도를 닦는 사람이 탐욕을 부리는 것은 수행자의 부끄러움이요
출가한 사람이 부귀한 것은 군자들이 비웃는 바입니다.

遮	言	이	不	盡	이어늘	貪	着	不	已	하며
막을 **차**	말씀 **언**		아닐 **부**	다할 **진**		탐낼 **탐**	붙을 **착**	아닐 **불**	그칠 **이**	
第	二	無	盡	이어늘	不	斷	愛	着	하며	此
차례 **제**	두 **이**	없을 **무**	다할 **진**		아닐 **부**	끊을 **단**	사랑 **애**	붙을 **착**		이 **차**
事	無	限	이어늘	世	事	不	捨	하며	彼	謀
일 **사**	없을 **무**	한할 **한**		세상 **세**	일 **사**	아닐 **불**	버릴 **사**		저 **피**	꾀할 **모**
無	際	어늘	絶	心	不	起	로다	今	日	不
없을 **무**	즈음 **제**		끊을 **절**	마음 **심**	아닐 **불**	일어날 **기**		이제 **금**	날 **일**	아닐 **부**
盡	이어늘	造	惡	日	多	하며	明	日	無	盡
다할 **진**		지을 **조**	악할 **악**	날 **일**	많을 **다**		날이 샐 **명**	날 **일**	없을 **무**	다할 **진**
이어늘	作	善	日	少	하며	今	年	不	盡	이어늘
	지을 **작**	착할 **선**	날 **일**	적을 **소**		이제 **금**	해 **년**	아닐 **부**	다할 **진**	
無	限	煩	惱	하며	來	年	無	盡	이어늘	不
없을 **무**	한할 **한**	번거로울 **번**	번뇌할 **뇌**		올 **내**	해 **년**	없을 **무**	다할 **진**		아닐 **부**

막는 말이 끝이 없거늘 탐착하기를 그만두지 아니하며 '다음에 다음에' 하는 것이
다함이 없거늘 애착을 끊지 아니합니다. '이 일만 하고, 이 일만 하고' 하는 것이 한이 없지만
세상사를 버리지 못하며 '저 일만 하고, 저 일만 하고' 하는 것이 끝이 없지만 끊으려는
마음을 내지 못합니다. '오늘만 오늘만' 하는 것이 다함이 없건만 악을 짓는 것이 날마다
많아지며 '내일부터 내일부터' 하는 것이 끝이 없건만 선행을 하는 것은 날마다 줄어듭니다.
'금년만 금년만' 하는 것이 끝이 없건만 무한히 번뇌를 일으키며

進	菩	提	로다	時	時	移	移	하야		速	經
나아갈 진	보리 보	끌 제(리)		때 시	때 시	옮길 이	옮길 이			빠를 속	지날 경
日	夜	하며		日	日	移	移	하야		速	經	月
날 일	밤 야			날 일	날 일	옮길 이	옮길 이			빠를 속	지날 경	달 월
晦	하며		月	月	移	移	하야		忽	來	年	至
그믐 회			달 월	달 월	옮길 이	옮길 이			갑자기 홀	올 래	해 년	이를 지
하며		年	年	移	移	하야		暫	到	死	門	하나니
		해 연	해 년	옮길 이	옮길 이			잠시 잠	이를 도	죽을 사	문 문	
破	車	不	行	이요		老	人	不	修	라		臥
깨뜨릴 파	수레 거	아닐 불	다닐 행			늙을 노	사람 인	아닐 불	닦을 수			누울 와
生	懈	怠	하고		坐	起	亂	識	이로다		幾	生
날 생	게으를 해	게으를 태			앉을 좌	일어날 기	어지러울 난	알 식			몇 기	날 생
不	修	어늘		虛	過	日	夜	하며		幾	活	空
아닐 불	닦을 수			빌 허	지날 과	날 일	밤 야			몇 기	살 활	빌 공

'내년에는 내년에는' 하는 것이 다함이 없건만 깨달음에 나아가지 못합니다. 시간 시간이
옮기고 옮겨서 하루가 빨리도 지나가며, 하루 하루가 옮기고 옮겨서 한 달이 빨리도 지나가며,
한 달 한 달이 옮기고 옮겨서 홀연히 한 해가 지나가며, 한 해 한 해가 옮기고 옮겨서
잠깐 사이에 죽음에 이릅니다. 고장 난 수레는 움직이지 못하고 늙은 사람은 수행하지 못하나니
누워서는 게으름만 피우고 앉아서는 어지러운 생각만 일으킵니다.
얼마나 산다고 수행하지 아니하고 낮과 밤을 헛되게 보내며,

身 이어늘	一	生	不	修 오		身	必	有	終
몸 신	한 일	날 생	아닐 불	닦을 수		몸 신	반드시 필	있을 유	마칠 종
하리니	後	身 은		何	乎 아		莫	速	急	乎
	뒤 후	몸 신		어찌 하	-인가 호		없을 막	빠를 속	급할 급	-인가 호
며	莫	速	急	乎 인저					
	없을 막	빠를 속	급할 급	-인가 호					

허망한 몸뚱이가 얼마나 살기에 일생을 수행하지 않습니까.
이 몸은 반드시 마칠 때가 있으리니 다음 생의 몸은 무엇이 될 것입니까.
급하지 아니하며 급하지 아니합니까.

〈사경 4회〉

發	心	修	行	章
필 **발**	마음 **심**	닦을 **수**	행할 **행**	글 **장**

海東沙門 元曉

1. 부처님의 삶, 중생의 삶

夫	諸	佛	諸	佛	이		莊	嚴	寂	滅	宮
대저 **부**	모두 **제**	부처 **불**	모두 **제**	부처 **불**			꾸밀 **장**	엄할 **엄**	고요할 **적**	멸할 **멸**	집 **궁**

은		於	多	劫	海	에	捨	欲	苦	行	이요
		어조사 **어**	많을 **다**	겁 **겁**	바다 **해**		버릴 **사**	하고자할 **욕**	괴로울 **고**	행할 **행**	

衆	生	衆	生	이		輪	廻	火	宅	門	은
무리 **중**	날 **생**	무리 **중**	날 **생**			바퀴 **윤**	돌 **회**	불 **화**	집 **택**	문 **문**	

於	無	量	世	에		貪	欲	不	捨	니라	無
어조사 **어**	없을 **무**	헤아릴 **량**	세상 **세**			탐낼 **탐**	하고자할 **욕**	아닐 **불**	버릴 **사**		없을 **무**

防	天	堂	에		少	往	至	者	는	三	毒
막을 **방**	하늘 **천**	집 **당**			적을 **소**	갈 **왕**	이를 **지**	사람 **자**		석 **삼**	독 **독**

보리심을 발하여 수행하는 글

모든 부처님과 모든 보살들이 깨달음을 이루어서 적멸한 세계를 장엄하신 것은
오래고 오랜 세월 동안 모든 욕심을 버리고 애써서 수행하신 까닭입니다.
일체중생이 불타는 집과 같은 사바세계에서 윤회하는 것은 한량없는 세상에서
탐욕을 버리지 못한 까닭입니다. 아무도 막지 않는 천당에 가는 사람이 적은 것은
탐진치와 온갖 번뇌로 자기 집의 재산으로 삼은 까닭이요,

煩	惱	로	爲	自	家	財	요	無	誘	惡
번거로울 **번**	번뇌할 **뇌**		삼을 **위**	스스로 **자**	집 **가**	재물 **재**		없을 **무**	꾈 **유**	악할 **악**
道	에		多	往	入	者	는	四	蛇	五	欲
길 **도**			많을 **다**	갈 **왕**	들 **입**	사람 **자**		넉 **사**	뱀 **사**	다섯 **오**	하고자할 **욕**
으로	爲	妄	心	寶	니라	人	誰	不	欲	歸
	삼을 **위**	허망할 **망**	마음 **심**	보배 **보**		사람 **인**	누구 **수**	아닐 **불**	하고자할 **욕**	돌아갈 **귀**
山	修	道	리오마는	而	爲	不	進	은	愛	欲
뫼 **산**	닦을 **수**	이치 **도**		말 이을 **이**	할 **위**	아닐 **부**	나아갈 **진**		사랑 **애**	하고자할 **욕**
所	纏	이니라	然	而	不	歸	山	藪	修	心
바 **소**	얽을 **전**		그럴 **연**	말 이을 **이**	아닐 **불**	돌아갈 **귀**	뫼 **산**	수풀 **수**	닦을 **수**	마음 **심**
이나	隨	自	信	力	하야	不	捨	善	行	이어다
	따를 **수**	스스로 **자**	믿을 **신**	힘 **력**		아닐 **불**	버릴 **사**	착할 **선**	행할 **행**	
自	樂	을	能	捨	하면	信	敬	如	聖	이요
스스로 **자**	즐길 **락**		능할 **능**	버릴 **사**		믿을 **신**	공경 **경**	같을 **여**	성인 **성**	

유혹하지도 않는 지옥 아귀 축생의 삼악도에 많이 들어가는 것은
사대육신과 다섯 가지 욕망으로 망령된 마음의 보물로 삼은 까닭입니다.
사람들이 누군들 산속에 들어가서 수행하고자 아니하리오마는
쉽사리 떠나지 못하는 것은 애욕에 얽혔기 때문입니다. 그러나 산속에 들어가서
수행하지는 못하더라도 자신들의 힘을 따라서 열심히 선행하도록 하십시오.
자신의 즐거움을 능히 버리면 성인과 같이 믿고 공경할 것이며

難	行	을	能	行	하면	尊	重	如	佛	이니라
어려울 난	행할 행		능할 능	행할 행		높을 존	무거울 중	같을 여	부처 불	

慳	貪	於	物	은	是	魔	眷	屬	이요	慈
아낄 간	탐낼 탐	어조사 어	물건 물		이 시	마귀 마	돌볼 권	무리 속		사랑 자

悲	布	施	는	是	法	王	子	니라
슬플 비	보시 보	베풀 시		이 시	법 법	임금 왕	아들 자	

2. 수행자의 삶

高	嶽	峨	巖	은	智	人	所	居	요	碧
높을 고	큰 산 악	높을 아	바위 암		슬기 지	사람 인	바 소	살 거		푸를 벽

松	深	谷	은	行	者	所	棲	니라	飢	飡
소나무 송	깊을 심	골 곡		행할 행	사람 자	바 소	깃들일 서		주릴 기	저녁밥 손

木	果	하야	慰	其	飢	腸	하고	渴	飮	流
나무 목	열매 과		위로할 위	그 기	주릴 기	창자 장		목마를 갈	마실 음	흐를 유

어려운 수행을 능히 행하면 부처님과 같이 존중할 것입니다. 재물을 아끼고 탐하는 사람은
마군의 권속이요 자비로 베풀고 나누는 사람은 부처님의 아들딸입니다.

높은 산과 빼어난 바위들은 지혜로운 사람들의 머무는 곳이고 푸른 소나무와 깊은 골짜기는
수행하는 사람들의 머무는 곳입니다. 배가 주리면 나무에 달린 과일을 먹어서
그 주린 창자를 위로하고 목이 마르면 흐르는 물을 마시어 그 갈증을 달래십시오.

水 하야	息	其	渴	情 이니라		喫	甘	愛	養
물 수	쉴 식	그 기	목마를 갈	뜻 정		먹을 끽	달 감	사랑 애	기를 양
하야도	此	身 은	定	壞 요		着	柔	守	護
	이 차	몸 신	정할 정	무너질 괴		붙을 착	부드러울 유	지킬 수	보호할 호
하야도	命	必	有	終 이니라		助	響	巖	穴 로
	목숨 명	반드시 필	있을 유	마칠 종		도울 조	울릴 향	바위 암	구멍 혈
爲	念	佛	堂 하고	哀	鳴	鴨	鳥 로		爲
삼을 위	생각 염	부처 불	집 당	슬플 애	울 명	오리 압	새 조		삼을 위
歡	心	友 니라	拜	膝 이	如	氷 이라도			無
기쁠 환	마음 심	벗 우	절 배	무릎 슬	같을 여	얼음 빙			없을 무
戀	火	心 하며	餓	腸 이	如	切 이라도			無
그릴 연	불 화	마음 심	주릴 아	창자 장	같을 여	끊을 절			없을 무
求	食	念 이니라	忽	至	百	年 이어늘		云	何
구할 구	밥 식	생각 념	갑자기 홀	이를 지	일백 백	해 년		이를 운	어찌 하

맛있는 음식을 먹어서 육신을 아끼고 기르더라도 이 몸뚱이는 결정코 무너질 것이요
부드러운 옷을 입어서 지키고 보호하더라도 목숨은 반드시 마칠 때가 있을 것입니다.
메아리 소리 울려 퍼지는 바위굴로써 염불하는 집을 삼고 슬피 우는 오리와 새들로 마음을 달래는
벗을 삼을 것입니다. 절을 하는 무릎이 얼음과 같이 시리더라도 따뜻한 불을 생각하는 마음이 없고,
주린 창자가 끊어질 듯하더라도 음식을 구하고자 하는 생각이 없어야 합니다.
홀연히 백년 세월에 이르거늘 어찌 배우지 아니하며

不	學	이며	一	生	이	幾	何	관대		不	修
아닐 불	배울 학		한 일	날 생		몇 기	어찌 하			아닐 불	닦을 수
放	逸	고	離	心	中	愛	를		是	名	沙
놓을 방	편안할 일		떠날 이	마음 심	가운데 중	사랑 애			이 시	이름 명	모래 사
門		이요	不	戀	世	俗	을		是	名	出	家
문 문			아닐 불	그릴 연	세상 세	풍속 속			이 시	이름 명	날 출	집 가
니라	行	者	羅	網	은	狗	被	象	皮	요
	행할 행	사람 자	걸릴 라	그물 망		개 구	입을 피	코끼리 상	가죽 피	
道	人	戀	懷	는	蝟	入	鼠	宮	이니라	雖
이치 도	사람 인	그릴 연	품을 회		고슴도치 위	들 입	쥐 서	집 궁		비록 수
有	才	智	나	居	邑	家	者	는	諸	佛
있을 유	재주 재	슬기 지		살 거	고을 읍	집 가	사람 자		모두 제	부처 불
이	是	人	에	生	悲	憂	心	하시고	設	無
	이 시	사람 인		날 생	슬플 비	근심 우	마음 심		가령 설	없을 무

일생이 얼마나 된다고 수행하지 아니하고 게으름을 피웁니까? 마음속에서 애착을 떠나야
스님이라고 이름할 수 있고 세속을 그리워하지 않아야 출가한 사람이라고 할 수 있습니다.
수행하는 사람이 세상일에 휩싸이는 것은 개가 코끼리의 가죽을 덮어쓰는 것이요
도를 닦는 사람이 외롭고 쓸쓸한 생각을 품는 것은 고슴도치가 쥐구멍에 들어가는 격입니다.
비록 재주와 지혜가 있더라도 도시에 사는 사람들에 대해서는
모든 부처님이 이 사람에 대해서 근심하는 마음을 내고

道	行	이나	住	山	室	者	는	衆	聖	이
이치 도	행할 행		살 주	뫼 산	집 실	사람 자		무리 중	성인 성	
是	人	에	生	歡	喜	心	하나니라	雖	有	才
이 시	사람 인		날 생	기쁠 환	기쁠 희	마음 심		비록 수	있을 유	재주 재
學	이나	無	戒	行	者	는	如	寶	所	導
배울 학		없을 무	경계할 계	행할 행	사람 자		같을 여	보배 보	곳 소	길 도
而	不	起	行	이요	雖	有	勤	行	이나	無
말이을 이	아닐 불	일어날 기	다닐 행		비록 수	있을 유	부지런할 근	행할 행		없을 무
智	慧	者	는	欲	往	東	方	而	向	西
슬기 지	슬기로울 혜	사람 자		하고자할 욕	갈 왕	동녘 동	방위 방	말 이을 이	향할 향	서녘 서
行	이니라	有	智	人	의	所	行	은	蒸	米
다닐 행		있을 유	슬기 지	사람 인		바 소	행할 행		찔 증	쌀 미
作	飯	이요	無	智	人	의	所	行	은	蒸
지을 작	밥 반		없을 무	슬기 지	사람 인		바 소	행할 행		찔 증

설사 도가 없더라도 산속에 사는 사람들에 대해서는 여러 성인들이 이 사람에 대해서
환희하는 마음을 냅니다. 비록 재능과 학문이 있더라도 계행이 없는 사람은
보물이 있는 곳으로 인도하여도 일어나서 가지 않는 것과 같고, 비록 부지런히 실천하더라도
지혜가 없는 사람은 동쪽으로 가고자 하면서 서쪽으로 향하여 가는 것과 같습니다.
지혜가 있는 사람이 하는 일은 쌀로써 밥을 짓는 것이요,
지혜가 없는 사람이 하는 일은 모래로써 밥을 짓는 것입니다.

沙	作	飯	이니라	共	知	喫	食	而	慰	飢
모래 사	지을 작	밥 반		함께 공	알 지	먹을 끽	밥 식	말 이을 이	위로할 위	주릴 기
腸	호되	不	知	學	法	而	改	癡	心	이니라
창자 장		아닐 부	알 지	배울 학	법 법	말 이을 이	고칠 개	어리석을 치	마음 심	
行	智	俱	備	는	如	車	二	輪	이요	自
행할 행	슬기 지	함께 구	갖출 비		같을 여	수레 거	두 이	바퀴 륜		스스로 자
利	利	他	는	如	鳥	兩	翼	이니라	得	粥
이로울 리	이로울 이	다를 타		같을 여	새 조	두 양	날개 익		얻을 득	죽 죽
祝	願	호대	不	解	其	意	하면	亦	不	檀
빌 축	원할 원		아닐 불	풀 해	그 기	뜻 의		또 역	아닐 부	박달나무 단
越	에	應	羞	恥	乎	며	得	食	唱	唄
넘을 월		응당 응	부끄러울 수	부끄러울 치	어조사 호		얻을 득	밥 식	노래 창	찬불 패
호대	不	達	其	趣	하면	亦	不	賢	聖	에
	아닐 부	통달할 달	그 기	뜻 취		또 역	아닐 불	어질 현	성인 성	

모든 사람들이 밥을 먹어서 주린 창자를 위로할 줄 알면서 불법을 배워서 어리석은 마음을
고칠 줄은 알지 못합니다. 행동과 지혜가 다 갖춰진 것은 수레의 두 바퀴와 같고
자신도 이롭고 다른 이도 이롭게 하는 것은 새의 두 날개와 같습니다.
죽을 받아서 축원하되 그 의미를 알지 못하면 또한 신도들에게 반드시 부끄럽지 아니하며,
밥을 받아서 염불을 하되 그 취지를 알지 못하면 또한 현자와 성인들에게 부끄럽지 아니한가요.

應	慚	愧	乎	아	人	惡	尾	虫	이	不
응당 **응**	부끄러워할 **참**	부끄러울 **괴**	어조사 **호**		사람 **인**	미워할 **오**	꼬리 **미**	벌레 **충**		아닐 **불**
辨	淨	穢	인달하야	聖	憎	沙	門	이	不	辨
분별할 **변**	깨끗할 **정**	더러울 **예**		성인 **성**	미워할 **증**	모래 **사**	문 **문**		아닐 **불**	분별할 **변**
淨	穢	니라	棄	世	間	喧	하고	乘	空	天
깨끗할 **정**	더러울 **예**		버릴 **기**	세상 **세**	사이 **간**	지껄일 **훤**		탈 **승**	빌 **공**	하늘 **천**
上	은	戒	爲	善	梯	니	是	故	로	破
위 **상**		경계할 **계**	될 **위**	좋을 **선**	사다리 **제**		이 **시**	연고 **고**		깨뜨릴 **파**
戒	하고	爲	他	福	田	은	如	折	翼	鳥
경계할 **계**		될 **위**	다를 **타**	복 **복**	밭 **전**		같을 **여**	꺾을 **절**	날개 **익**	새 **조**
가	負	龜	翔	空	이라	自	罪	를	未	脫
	질 **부**	거북 **구**	날 **상**	빌 **공**		스스로 **자**	허물 **죄**		아닐 **미**	벗을 **탈**
하면	他	罪	를	不	贖	이니라	然	이나	豈	無
	다를 **타**	허물 **죄**		아닐 **불**	속죄할 **속**		그럴 **연**		어찌 **기**	없을 **무**

사람들은 구더기가 깨끗하고 더러움을 분별하지 못하는 것을 싫어하듯이
성인들은 스님으로서 깨끗하고 더러움을 분별하지 못하는 것을 미워합니다.
세상의 시끄러움을 버리고 텅 빈 천상에 올라가는 데는 계행이 좋은 사다리가 되나니
그러므로 계를 파하고 다른 사람들의 복전이 되는 것은
날개 부러진 새가 거북을 등에 업고 하늘로 날아가려는 것과 같습니다.
자신의 죄를 벗지 못하고서는 다른 사람의 죄를 면하게 해 주지 못하나니

戒	行	하고	受	他	供	給	이리오	無	行	空
경계할 계	행할 행		받을 수	다를 타	이바지할 공	줄 급		없을 무	행할 행	빌 공
身	은	養	無	利	益	이요	無	常	浮	命
몸 신		기를 양	없을 무	이로울 이	더할 익		없을 무	항상 상	뜰 부	목숨 명
은	愛	惜	不	保	니라	望	龍	象	德	하야
	사랑 애	아낄 석	아닐 불	지킬 보		바랄 망	용 용	코끼리 상	덕 덕	
能	忍	長	苦	하고	期	獅	子	座	하야	永
능할 능	참을 인	길 장	괴로울 고		기약할 기	사자 사	아들 자	자리 좌		길 영
背	欲	樂	이니라	行	者	心	淨	하면	諸	天
등 배	하고자할 욕	즐길 락		행할 행	사람 자	마음 심	깨끗할 정		모두 제	하늘 천
이	共	讚	하고	道	人	이	戀	色	하면	善
	함께 공	기릴 찬		이치 도	사람 인		그릴 연	빛 색		착할 선
神	이	捨	離	하나니라	四	大	가	忽	散	이라
신 신		버릴 사	떠날 리		넉 사	큰 대		갑자기 홀	흩을 산	

그러므로 어찌 계행이 없으면서 다른 사람들의 공양을 받을 수 있겠습니까?
수행이 없는 헛된 몸은 살려 봐야 이익이 없으며 무상한 뜬목숨은 사랑하고 아껴 봐야
지키지 못합니다. 용상대덕을 희망하면서 능히 오랜 고통을 참아 견디고
사자의 자리를 기약하여 영원히 욕심과 즐거움을 버릴 것입니다.
수행하는 사람의 마음이 청정하면 모든 천신들이 함께 찬탄하고
도를 닦는 사람이 이성을 그리워하면 선신들이 버리고 떠난답니다.

不	保	久	住	니	今	日	夕	矣	라	頗
아닐 불	지킬 보	오랠 구	살 주		이제 금	날 일	저물 석	어조사 의		자못 파
行	朝	哉	인저	世	樂	이	後	苦	어늘	何
다닐 행	아침 조	어조사 재		세상 세	즐길 락		뒤 후	괴로울 고		어찌 하
貪	着	哉	며	一	忍	이	長	樂	이어늘	何
탐낼 탐	붙을 착	어조사 재		한 일	참을 인		길 장	즐길 락		어찌 하
不	修	哉	리오	道	人	貪	은	是	行	者
아닐 불	닦을 수	어조사 재		이치 도	사람 인	탐낼 탐		이 시	행할 행	사람 자
羞	恥	요	出	家	富	는	是	君	子	所
부끄러울 수	부끄러울 치		날 출	집 가	부유할 부		이 시	임금 군	아들 자	바 소
笑	니라									
웃음 소										

3. 지금, 여기의 삶

지수화풍 사대육신은 홀연히 흩어져서 오랫동안 머물지 못하나니
오늘도 이미 늦었으니 자못 서두르십시오.
세상의 즐거움이 뒤에는 고통이 따르나니 어찌 탐착하겠으며
한 번 참는 것이 오랫동안 즐겁나니 어찌 수행하지 않겠습니까.
도를 닦는 사람이 탐욕을 부리는 것은 수행자의 부끄러움이요
출가한 사람이 부귀한 것은 군자들이 비웃는 바입니다.

<table>
<tr><td>遮
막을 차</td><td>言
말씀 언</td><td>이</td><td>不
아닐 부</td><td>盡
다할 진</td><td>이어늘</td><td>貪
탐낼 탐</td><td>着
붙을 착</td><td>不
아닐 불</td><td>已
그칠 이</td><td>하며</td></tr>
<tr><td>第
차례 제</td><td>二
두 이</td><td>無
없을 무</td><td>盡
다할 진</td><td>이어늘</td><td>不
아닐 부</td><td>斷
끊을 단</td><td>愛
사랑 애</td><td>着
붙을 착</td><td>하며</td><td>此
이 차</td></tr>
<tr><td>事
일 사</td><td>無
없을 무</td><td>限
한할 한</td><td>이어늘</td><td>世
세상 세</td><td>事
일 사</td><td>不
아닐 불</td><td>捨
버릴 사</td><td>하며</td><td>彼
저 피</td><td>謀
꾀할 모</td></tr>
<tr><td>無
없을 무</td><td>際
즈음 제</td><td>어늘</td><td>絶
끊을 절</td><td>心
마음 심</td><td>不
아닐 불</td><td>起
일어날 기</td><td>로다</td><td>今
이제 금</td><td>日
날 일</td><td>不
아닐 부</td></tr>
<tr><td>盡
다할 진</td><td>이어늘</td><td>造
지을 조</td><td>惡
악할 악</td><td>日
날 일</td><td>多
많을 다</td><td>하며</td><td>明
날이 샐 명</td><td>日
날 일</td><td>無
없을 무</td><td>盡
다할 진</td></tr>
<tr><td>이어늘</td><td>作
지을 작</td><td>善
착할 선</td><td>日
날 일</td><td>少
적을 소</td><td>하며</td><td>今
이제 금</td><td>年
해 년</td><td>不
아닐 부</td><td>盡
다할 진</td><td>이어늘</td></tr>
<tr><td>無
없을 무</td><td>限
한할 한</td><td>煩
번거로울 번</td><td>惱
번뇌할 뇌</td><td>하며</td><td>來
올 내</td><td>年
해 년</td><td>無
없을 무</td><td>盡
다할 진</td><td>이어늘</td><td>不
아닐 부</td></tr>
</table>

막는 말이 끝이 없거늘 탐착하기를 그만두지 아니하며 '다음에 다음에' 하는 것이
다함이 없거늘 애착을 끊지 아니합니다. '이 일만 하고, 이 일만 하고' 하는 것이 한이 없지만
세상사를 버리지 못하며 '저 일만 하고, 저 일만 하고' 하는 것이 끝이 없지만 끊으려는
마음을 내지 못합니다. '오늘만 오늘만' 하는 것이 다함이 없건만 악을 짓는 것이 날마다
많아지며 '내일부터 내일부터' 하는 것이 끝이 없건만 선행을 하는 것은 날마다 줄어듭니다.
'금년만 금년만' 하는 것이 끝이 없건만 무한히 번뇌를 일으키며

進	菩	提	로다	時	時	移	移	하야	速	經
나아갈 진	보리 보	끌 제(리)		때 시	때 시	옮길 이	옮길 이		빠를 속	지날 경
日	夜	하며		日	日	移	移	하야	速	經	月
날 일	밤 야			날 일	날 일	옮길 이	옮길 이		빠를 속	지날 경	달 월
晦	하며		月	月	移	移	하야		忽	來	年	至
그믐 회			달 월	달 월	옮길 이	옮길 이			갑자기 홀	올 래	해 년	이를 지
하며		年	年	移	移	하야		暫	到	死	門	하나니
		해 연	해 년	옮길 이	옮길 이			잠시 잠	이를 도	죽을 사	문 문	
破	車	不	行	이요	老	人	不	修	라	臥
깨뜨릴 파	수레 거	아닐 불	다닐 행		늙을 노	사람 인	아닐 불	닦을 수		누울 와
生	懈	怠	하고	坐	起	亂	識	이로다	幾	生
날 생	게으를 해	게으를 태		앉을 좌	일어날 기	어지러울 난	알 식		몇 기	날 생
不	修	어늘	虛	過	日	夜	하며	幾	活	空
아닐 불	닦을 수		빌 허	지날 과	날 일	밤 야		몇 기	살 활	빌 공

'내년에는 내년에는' 하는 것이 다함이 없건만 깨달음에 나아가지 못합니다. 시간 시간이 옮기고 옮겨서 하루가 빨리도 지나가며, 하루 하루가 옮기고 옮겨서 한 달이 빨리도 지나가며, 한 달 한 달이 옮기고 옮겨서 홀연히 한 해가 지나가며, 한 해 한 해가 옮기고 옮겨서 잠깐 사이에 죽음에 이릅니다. 고장 난 수레는 움직이지 못하고 늙은 사람은 수행하지 못하나니 누워서는 게으름만 피우고 앉아서는 어지러운 생각만 일으킵니다. 얼마나 산다고 수행하지 아니하고 낮과 밤을 헛되게 보내며,

身	이어늘	一	生	不	修	오		身	必	有	終
몸 신		한 일	날 생	아닐 불	닦을 수			몸 신	반드시 필	있을 유	마칠 종
하리니	後	身	은	何	乎	아		莫	速	急	乎
	뒤 후	몸 신		어찌 하	-인가 호			없을 막	빠를 속	급할 급	-인가 호
며	莫	速	急	乎	인저						
	없을 막	빠를 속	급할 급	-인가 호							

허망한 몸뚱이가 얼마나 살기에 일생을 수행하지 않습니까.

이 몸은 반드시 마칠 때가 있으리니 다음 생의 몸은 무엇이 될 것입니까.

급하지 아니하며 급하지 아니합니까.

<사경 5회>

發	心	修	行	章
필 발	마음 심	닦을 수	행할 행	글 장

海東沙門 元曉

1. 부처님의 삶, 중생의 삶

夫	諸	佛	諸	佛	이	莊	嚴	寂	滅	宮
대저 부	모두 제	부처 불	모두 제	부처 불		꾸밀 장	엄할 엄	고요할 적	멸할 멸	집 궁
은	於	多	劫	海	에	捨	欲	苦	行	이요
	어조사 어	많을 다	겁 겁	바다 해		버릴 사	하고자할 욕	괴로울 고	행할 행	
衆	生	衆	生	이		輪	廻	火	宅	門	은
무리 중	날 생	무리 중	날 생			바퀴 윤	돌 회	불 화	집 택	문 문	
於	無	量	世	에		貪	欲	不	捨	니라	無
어조사 어	없을 무	헤아릴 량	세상 세			탐낼 탐	하고자할 욕	아닐 불	버릴 사		없을 무
防	天	堂	에		少	往	至	者	는	三	毒
막을 방	하늘 천	집 당			적을 소	갈 왕	이를 지	사람 자		석 삼	독 독

보리심을 발하여 수행하는 글

모든 부처님과 모든 보살들이 깨달음을 이루어서 적멸한 세계를 장엄하신 것은
오래고 오랜 세월 동안 모든 욕심을 버리고 애써서 수행하신 까닭입니다.
일체중생이 불타는 집과 같은 사바세계에서 윤회하는 것은 한량없는 세상에서
탐욕을 버리지 못한 까닭입니다. 아무도 막지 않는 천당에 가는 사람이 적은 것은
탐진치와 온갖 번뇌로 자기 집의 재산으로 삼은 까닭이요,

煩	惱	로	爲	自	家	財	요	無	誘	惡
번거로울 **번**	번뇌할 **뇌**		삼을 **위**	스스로 **자**	집 **가**	재물 **재**		없을 **무**	꾈 **유**	악할 **악**
道	에	多	往	入	者	는	四	蛇	五	欲
길 **도**		많을 **다**	갈 **왕**	들 **입**	사람 **자**		넉 **사**	뱀 **사**	다섯 **오**	하고자할 **욕**
으로	爲	妄	心	寶	나라	人	誰	不	欲	歸
	삼을 **위**	허망할 **망**	마음 **심**	보배 **보**		사람 **인**	누구 **수**	아닐 **불**	하고자할 **욕**	돌아갈 **귀**
山	修	道	리오마는	而	爲	不	進	은	愛	欲
뫼 **산**	닦을 **수**	이치 **도**		말 이을 **이**	할 **위**	아닐 **부**	나아갈 **진**		사랑 **애**	하고자할 **욕**
所	纏	이니라	然	而	不	歸	山	藪	修	心
바 **소**	얽을 **전**		그럴 **연**	말 이을 **이**	아닐 **불**	돌아갈 **귀**	뫼 **산**	수풀 **수**	닦을 **수**	마음 **심**
이나	隨	自	信	力	하야	不	捨	善	行	이어다
	따를 **수**	스스로 **자**	믿을 **신**	힘 **력**		아닐 **불**	버릴 **사**	착할 **선**	행할 **행**	
自	樂	을	能	捨	하면	信	敬	如	聖	이요
스스로 **자**	즐길 **락**		능할 **능**	버릴 **사**		믿을 **신**	공경 **경**	같을 **여**	성인 **성**	

유혹하지도 않는 지옥 아귀 축생의 삼악도에 많이 들어가는 것은
사대육신과 다섯 가지 욕망으로 망령된 마음의 보물로 삼은 까닭입니다.
사람들이 누군들 산속에 들어가서 수행하고자 아니하리오마는
쉽사리 떠나지 못하는 것은 애욕에 얽혔기 때문입니다. 그러나 산속에 들어가서
수행하지는 못하더라도 자신들의 힘을 따라서 열심히 선행하도록 하십시오.
자신의 즐거움을 능히 버리면 성인과 같이 믿고 공경할 것이며

難	行	을	能	行	하면	尊	重	如	佛	이니라
어려울 난	행할 행		능할 능	행할 행		높을 존	무거울 중	같을 여	부처 불	

慳	貪	於	物	은	是	魔	眷	屬	이요	慈
아낄 간	탐낼 탐	어조사 어	물건 물		이 시	마귀 마	돌볼 권	무리 속		사랑 자

悲	布	施	는	是	法	王	子	니라
슬플 비	보시 보	베풀 시		이 시	법 법	임금 왕	아들 자	

2. 수행자의 삶

高	嶽	峩	巖	은	智	人	所	居	요	碧
높을 고	큰산 악	높을 아	바위 암		슬기 지	사람 인	바 소	살 거		푸를 벽

松	深	谷	은	行	者	所	捿	니라	飢	殯
소나무 송	깊을 심	골 곡		행할 행	사람 자	바 소	깃들일 서		주릴 기	저녁밥 손

木	果	하야	慰	其	飢	腸	하고	渴	飮	流
나무 목	열매 과		위로할 위	그 기	주릴 기	창자 장		목마를 갈	마실 음	흐를 유

어려운 수행을 능히 행하면 부처님과 같이 존중할 것입니다. 재물을 아끼고 탐하는 사람은
마군의 권속이요 자비로 베풀고 나누는 사람은 부처님의 아들딸입니다.

높은 산과 빼어난 바위들은 지혜로운 사람들의 머무는 곳이고 푸른 소나무와 깊은 골짜기는
수행하는 사람들의 머무는 곳입니다. 배가 주리면 나무에 달린 과일을 먹어서
그 주린 창자를 위로하고 목이 마르면 흐르는 물을 마시어 그 갈증을 달래십시오.

水 하야	息	其	渴	情 이니라		喫	甘	愛	養
물 수	쉴 식	그 기	목마를 갈	뜻 정		먹을 끽	달 감	사랑 애	기를 양
하야도	此	身 은		定	壞 요	着	柔	守	護
	이 차	몸 신		정할 정	무너질 괴	붙을 착	부드러울 유	지킬 수	보호할 호
하야도	命	必	有	終 이니라		助	響	巖	穴 로
	목숨 명	반드시 필	있을 유	마칠 종		도울 조	울릴 향	바위 암	구멍 혈
爲	念	佛	堂 하고		哀	鳴	鴨	鳥 로	爲
삼을 위	생각 염	부처 불	집 당		슬플 애	울 명	오리 압	새 조	삼을 위
歡	心	友 니라		拜	膝 이	如	氷 이라도		無
기쁠 환	마음 심	벗 우		절 배	무릎 슬	같을 여	얼음 빙		없을 무
戀	火	心 하며		餓	腸 이	如	切 이라도		無
그릴 연	불 화	마음 심		주릴 아	창자 장	같을 여	끊을 절		없을 무
求	食	念 이니라		忽	至	百	年 이어늘	云	何
구할 구	밥 식	생각 념		갑자기 홀	이를 지	일백 백	해 년	이를 운	어찌 하

맛있는 음식을 먹어서 육신을 아끼고 기르더라도 이 몸뚱이는 결정코 무너질 것이요
부드러운 옷을 입어서 지키고 보호하더라도 목숨은 반드시 마칠 때가 있을 것입니다.
메아리 소리 울려 퍼지는 바위굴로써 염불하는 집을 삼고 슬피 우는 오리와 새들로 마음을 달래는
벗을 삼을 것입니다. 절을 하는 무릎이 얼음과 같이 시리더라도 따뜻한 불을 생각하는 마음이 없고,
주린 창자가 끊어질 듯하더라도 음식을 구하고자 하는 생각이 없어야 합니다.
홀연히 백년 세월에 이르거늘 어찌 배우지 아니하며

不	學	이며	一	生	이	幾	何	관대	不	修
아닐 불	배울 학		한 일	날 생		몇 기	어찌 하		아닐 불	닦을 수
放	逸	고	離	心	中	愛	를	是	名	沙
놓을 방	편안할 일		떠날 이	마음 심	가운데 중	사랑 애		이 시	이름 명	모래 사
門	이요	不	戀	世	俗	을	是	名	出	家
문 문		아닐 불	그릴 연	세상 세	풍속 속		이 시	이름 명	날 출	집 가
나라	行	者	羅	網	은	狗	被	象	皮	요
	행할 행	사람 자	걸릴 라	그물 망		개 구	입을 피	코끼리 상	가죽 피	
道	人	戀	懷	는	蝟	入	鼠	宮	이니라	雖
이치 도	사람 인	그릴 연	품을 회		고슴도치 위	들 입	쥐 서	집 궁		비록 수
有	才	智	나	居	邑	家	者	는	諸	佛
있을 유	재주 재	슬기 지		살 거	고을 읍	집 가	사람 자		모두 제	부처 불
이	是	人	에	生	悲	憂	心	하시고	設	無
	이 시	사람 인		날 생	슬플 비	근심 우	마음 심		가령 설	없을 무

일생이 얼마나 된다고 수행하지 아니하고 게으름을 피웁니까? 마음속에서 애착을 떠나야
스님이라고 이름할 수 있고 세속을 그리워하지 않아야 출가한 사람이라고 할 수 있습니다.
수행하는 사람이 세상일에 휩싸이는 것은 개가 코끼리의 가죽을 덮어쓰는 것이요
도를 닦는 사람이 외롭고 쓸쓸한 생각을 품는 것은 고슴도치가 쥐구멍에 들어가는 격입니다.
비록 재주와 지혜가 있더라도 도시에 사는 사람들에 대해서는
모든 부처님이 이 사람에 대해서 근심하는 마음을 내고

| 77 |

道	行	이나		住	山	室	者	는		衆	聖	이
이치 도	행할 행			살 주	뫼 산	집 실	사람 자			무리 중	성인 성	

是	人	에		生	歡	喜	心	하나니라		雖	有	才
이 시	사람 인			날 생	기쁠 환	기쁠 희	마음 심			비록 수	있을 유	재주 재

學	이나		無	戒	行	者	는		如	寶	所	導
배울 학			없을 무	경계할 계	행할 행	사람 자			같을 여	보배 보	곳 소	길 도

而	不	起	行	이요		雖	有	勤	行	이나		無
말이을 이	아닐 불	일어날 기	다닐 행			비록 수	있을 유	부지런할 근	행할 행			없을 무

智	慧	者	는		欲	往	東	方	而	向	西
슬기 지	슬기로울 혜	사람 자			하고자할 욕	갈 왕	동녘 동	방위 방	말 이을 이	향할 향	서녘 서

行	이니라		有	智	人	의		所	行	은		蒸	米
다닐 행			있을 유	슬기 지	사람 인			바 소	행할 행			찔 증	쌀 미

作	飯	이요		無	智	人	의		所	行	은		蒸
지을 작	밥 반			없을 무	슬기 지	사람 인			바 소	행할 행			찔 증

설사 도가 없더라도 산속에 사는 사람들에 대해서는 여러 성인들이 이 사람에 대해서
환희하는 마음을 냅니다. 비록 재능과 학문이 있더라도 계행이 없는 사람은
보물이 있는 곳으로 인도하여도 일어나서 가지 않는 것과 같고, 비록 부지런히 실천하더라도
지혜가 없는 사람은 동쪽으로 가고자 하면서 서쪽으로 향하여 가는 것과 같습니다.
지혜가 있는 사람이 하는 일은 쌀로써 밥을 짓는 것이요,
지혜가 없는 사람이 하는 일은 모래로써 밥을 짓는 것입니다.

沙	作	飯	이니라	共	知	喫	食	而	慰	飢
모래 **사**	지을 **작**	밥 **반**		함께 **공**	알 **지**	먹을 **끽**	밥 **식**	말 이을 **이**	위로할 **위**	주릴 **기**

腸	호되	不	知	學	法	而	改	癡	心	이니라
창자 **장**		아닐 **부**	알 **지**	배울 **학**	법 **법**	말 이을 **이**	고칠 **개**	어리석을 **치**	마음 **심**	

行	智	俱	備	는	如	車	二	輪	이요	自
행할 **행**	슬기 **지**	함께 **구**	갖출 **비**		같을 **여**	수레 **거**	두 **이**	바퀴 **륜**		스스로 **자**

利	利	他	는	如	鳥	兩	翼	이니라	得	粥
이로울 **리**	이로울 **이**	다를 **타**		같을 **여**	새 **조**	두 **양**	날개 **익**		얻을 **득**	죽 **죽**

祝	願	호대	不	解	其	意	하면	亦	不	檀
빌 **축**	원할 **원**		아닐 **불**	풀 **해**	그 **기**	뜻 **의**		또 **역**	아닐 **부**	박달나무 **단**

越	에	應	羞	恥	乎	며	得	食	唱	唄
넘을 **월**		응당 **응**	부끄러울 **수**	부끄러울 **치**	어조사 **호**		얻을 **득**	밥 **식**	노래 **창**	찬불 **패**

호대	不	達	其	趣	하면	亦	不	賢	聖	에
	아닐 **부**	통달할 **달**	그 **기**	뜻 **취**		또 **역**	아닐 **불**	어질 **현**	성인 **성**	

모든 사람들이 밥을 먹어서 주린 창자를 위로할 줄 알면서 불법을 배워서 어리석은 마음을
고칠 줄은 알지 못합니다. 행동과 지혜가 다 갖춰진 것은 수레의 두 바퀴와 같고
자신도 이롭고 다른 이도 이롭게 하는 것은 새의 두 날개와 같습니다.
죽을 받아서 축원하되 그 의미를 알지 못하면 또한 신도들에게 반드시 부끄럽지 아니하며,
밥을 받아서 염불을 하되 그 취지를 알지 못하면 또한 현자와 성인들에게 부끄럽지 아니한가요.

應	慚	愧	乎	아	人	惡	尾	虫	이	不
응당 응	부끄러워할 참	부끄러울 괴	어조사 호		사람 인	미워할 오	꼬리 미	벌레 충		아닐 불
辨	淨	穢		聖	憎	沙	門	이	不	辨
분별할 변	깨끗할 정	더러울 예	인달하야	성인 성	미워할 증	모래 사	문 문		아닐 불	분별할 변
淨	穢	나라	棄	世	間	喧	하고	乘	空	天
깨끗할 정	더러울 예		버릴 기	세상 세	사이 간	지껄일 훤		탈 승	빌 공	하늘 천
上	은	戒	爲	善	梯	니	是	故	로	破
위 상		경계할 계	될 위	좋을 선	사다리 제		이 시	연고 고		깨뜨릴 파
戒	하고	爲	他	福	田	은	如	折	翼	鳥
경계할 계		될 위	다를 타	복 복	밭 전		같을 여	꺾을 절	날개 익	새 조
가	負	龜	翔	空	이라	自	罪	를	未	脫
	질 부	거북 구	날 상	빌 공		스스로 자	허물 죄		아닐 미	벗을 탈
하면	他	罪	를	不	贖	이니라	然	이나	豈	無
	다를 타	허물 죄		아닐 불	속죄할 속		그럴 연		어찌 기	없을 무

사람들은 구더기가 깨끗하고 더러움을 분별하지 못하는 것을 싫어하듯이
성인들은 스님으로서 깨끗하고 더러움을 분별하지 못하는 것을 미워합니다.
세상의 시끄러움을 버리고 텅 빈 천상에 올라가는 데는 계행이 좋은 사다리가 되나니
그러므로 계를 파하고 다른 사람들의 복전이 되는 것은
날개 부러진 새가 거북을 등에 업고 하늘로 날아가려는 것과 같습니다.
자신의 죄를 벗지 못하고서는 다른 사람의 죄를 면하게 해 주지 못하나니

戒	行	하고	受	他	供	給	이리오		無	行	空
경계할 계	행할 행		받을 수	다를 타	이바지할 공	줄 급			없을 무	행할 행	빌 공
身	은	養	無	利	益	이요		無	常	浮	命
몸 신		기를 양	없을 무	이로울 이	더할 익			없을 무	항상 상	뜰 부	목숨 명
은	愛	惜	不	保	니라		望	龍	象	德	하야
	사랑 애	아낄 석	아닐 불	지킬 보			바랄 망	용 용	코끼리 상	덕 덕	
能	忍	長	苦	하고	期	獅	子	座	하야		永
능할 능	참을 인	길 장	괴로울 고		기약할 기	사자 사	아들 자	자리 좌			길 영
背	欲	樂	이니라	行	者	心	淨	하면		諸	天
등 배	하고자할 욕	즐길 락		행할 행	사람 자	마음 심	깨끗할 정			모두 제	하늘 천
이	共	讚	하고	道	人	이	戀	色	하면		善
	함께 공	기릴 찬		이치 도	사람 인		그릴 연	빛 색			착할 선
神	이	捨	離	하나니라	四	大	가		忽	散	이라
신 신		버릴 사	떠날 리		넉 사	큰 대			갑자기 홀	흩을 산	

그러므로 어찌 계행이 없으면서 다른 사람들의 공양을 받을 수 있겠습니까?
수행이 없는 헛된 몸은 살려 봐야 이익이 없으며 무상한 뜬목숨은 사랑하고 아껴 봐야
지키지 못합니다. 용상대덕을 희망하면서 능히 오랜 고통을 참아 견디고
사자의 자리를 기약하여 영원히 욕심과 즐거움을 버릴 것입니다.
수행하는 사람의 마음이 청정하면 모든 천신들이 함께 찬탄하고
도를 닦는 사람이 이성을 그리워하면 선신들이 버리고 떠난답니다.

不	保	久	住	니		今	日	夕	矣	라		頗
아닐 불	지킬 보	오랠 구	살 주			이제 금	날 일	저물 석	어조사 의			자못 파
行	朝	哉		인저	世	樂	이		後	苦	어늘	何
다닐 행	아침 조	어조사 재			세상 세	즐길 락			뒤 후	괴로울 고		어찌 하
貪	着	哉	며		一	忍	이		長	樂	이어늘	何
탐낼 탐	붙을 착	어조사 재			한 일	참을 인			길 장	즐길 락		어찌 하
不	修	哉	리오		道	人	貪	은		是	行	者
아닐 불	닦을 수	어조사 재			이치 도	사람 인	탐낼 탐			이 시	행할 행	사람 자
羞	恥	요			出	家	富	는		是	君	子	所
부끄러울 수	부끄러울 치				날 출	집 가	부유할 부			이 시	임금 군	아들 자	바 소
笑	니라
---	---
웃음 소	

3. 지금, 여기의 삶

지수화풍 사대육신은 홀연히 흩어져서 오랫동안 머물지 못하나니
오늘도 이미 늦었으니 자못 서두르십시오.
세상의 즐거움이 뒤에는 고통이 따르나니 어찌 탐착하겠으며
한 번 참는 것이 오랫동안 즐겁나니 어찌 수행하지 않겠습니까.
도를 닦는 사람이 탐욕을 부리는 것은 수행자의 부끄러움이요
출가한 사람이 부귀한 것은 군자들이 비웃는 바입니다.

遮	言	이	不	盡	이어늘	貪	着	不	已	하며
막을 차	말씀 언		아닐 부	다할 진		탐낼 탐	붙을 착	아닐 불	그칠 이	
第	二	無	盡	이어늘	不	斷	愛	着	하며	此
차례 제	두 이	없을 무	다할 진		아닐 부	끊을 단	사랑 애	붙을 착		이 차
事	無	限	이어늘	世	事	不	捨	하며	彼	謀
일 사	없을 무	한할 한		세상 세	일 사	아닐 불	버릴 사		저 피	꾀할 모
無	際	어늘	絶	心	不	起	로다	今	日	不
없을 무	즈음 제		끊을 절	마음 심	아닐 불	일어날 기		이제 금	날 일	아닐 부
盡	이어늘	造	惡	日	多	하며	明	日	無	盡
다할 진		지을 조	악할 악	날 일	많을 다		날이 샐 명	날 일	없을 무	다할 진
이어늘	作	善	日	少	하며	今	年	不	盡	이어늘
	지을 작	착할 선	날 일	적을 소		이제 금	해 년	아닐 부	다할 진	
無	限	煩	惱	하며	來	年	無	盡	이어늘	不
없을 무	한할 한	번거로울 번	번뇌할 뇌		올 내	해 년	없을 무	다할 진		아닐 부

막는 말이 끝이 없거늘 탐착하기를 그만두지 아니하며 '다음에 다음에' 하는 것이
다함이 없거늘 애착을 끊지 아니합니다. '이 일만 하고, 이 일만 하고' 하는 것이 한이 없지만
세상사를 버리지 못하며 '저 일만 하고, 저 일만 하고' 하는 것이 끝이 없지만 끊으려는
마음을 내지 못합니다. '오늘만 오늘만' 하는 것이 다함이 없건만 악을 짓는 것이 날마다
많아지며 '내일부터 내일부터' 하는 것이 끝이 없건만 선행을 하는 것은 날마다 줄어듭니다.
'금년만 금년만' 하는 것이 끝이 없건만 무한히 번뇌를 일으키며

進	菩	提	로다	時	時	移	移	하야	速	經
나아갈 진	보리 보	끌 제(리)		때 시	때 시	옮길 이	옮길 이		빠를 속	지날 경
日	夜	하며	日	日	移	移	하야	速	經	月
날 일	밤 야		날 일	날 일	옮길 이	옮길 이		빠를 속	지날 경	달 월
晦	하며	月	月	移	移	하야	忽	來	年	至
그믐 회		달 월	달 월	옮길 이	옮길 이		갑자기 홀	올 래	해 년	이를 지
하며	年	年	移	移	하야	暫	到	死	門	하나니
	해 연	해 년	옮길 이	옮길 이		잠시 잠	이를 도	죽을 사	문 문	
破	車	不	行	이요	老	人	不	修	라	臥
깨뜨릴 파	수레 거	아닐 불	다닐 행		늙을 노	사람 인	아닐 불	닦을 수		누울 와
生	懈	怠	하고	坐	起	亂	識	이로다	幾	生
날 생	게으를 해	게으를 태		앉을 좌	일어날 기	어지러울 난	알 식		몇 기	날 생
不	修	어늘	虛	過	日	夜	하며	幾	活	空
아닐 불	닦을 수		빌 허	지날 과	날 일	밤 야		몇 기	살 활	빌 공

'내년에는 내년에는' 하는 것이 다함이 없건만 깨달음에 나아가지 못합니다. 시간 시간이 옮기고 옮겨서 하루가 빨리도 지나가며, 하루 하루가 옮기고 옮겨서 한 달이 빨리도 지나가며, 한 달 한 달이 옮기고 옮겨서 홀연히 한 해가 지나가며, 한 해 한 해가 옮기고 옮겨서 잠깐 사이에 죽음에 이릅니다. 고장 난 수레는 움직이지 못하고 늙은 사람은 수행하지 못하나니 누워서는 게으름만 피우고 앉아서는 어지러운 생각만 일으킵니다. 얼마나 산다고 수행하지 아니하고 낮과 밤을 헛되게 보내며,

身	이어늘	一	生	不	修	오	身	必	有	終
몸 **신**		한 **일**	날 **생**	아닐 **불**	닦을 **수**		몸 **신**	반드시 **필**	있을 **유**	마칠 **종**

하리니	後	身	은	何	乎	아	莫	速	急	乎
	뒤 **후**	몸 **신**		어찌 **하**	-인가 **호**		없을 **막**	빠를 **속**	급할 **급**	-인가 **호**

며	莫	速	急	乎	인저
	없을 **막**	빠를 **속**	급할 **급**	-인가 **호**	

허망한 몸뚱이가 얼마나 살기에 일생을 수행하지 않습니까.

이 몸은 반드시 마칠 때가 있으리니 다음 생의 몸은 무엇이 될 것입니까.

급하지 아니하며 급하지 아니합니까.

〈사경 6회〉

發心修行章

發	心	修	行	章
필 **발**	마음 **심**	닦을 **수**	행할 **행**	글 **장**

1. 부처님의 삶, 중생의 삶

夫	諸	佛	諸	佛	이		莊	嚴	寂	滅	宮
대저 **부**	모두 **제**	부처 **불**	모두 **제**	부처 **불**			꾸밀 **장**	엄할 **엄**	고요할 **적**	멸할 **멸**	집 **궁**

은	於	多	劫	海	에		捨	欲	苦	行	이요
	어조사 **어**	많을 **다**	겁 **겁**	바다 **해**			버릴 **사**	하고자할 **욕**	괴로울 **고**	행할 **행**	

衆	生	衆	生	이		輪	廻	火	宅	門	은
무리 **중**	날 **생**	무리 **중**	날 **생**			바퀴 **윤**	돌 **회**	불 **화**	집 **택**	문 **문**	

於	無	量	世	에		貪	欲	不	捨	니라	無
어조사 **어**	없을 **무**	헤아릴 **량**	세상 **세**			탐낼 **탐**	하고자할 **욕**	아닐 **불**	버릴 **사**		없을 **무**

防	天	堂	에		少	往	至	者	는	三	毒
막을 **방**	하늘 **천**	집 **당**			적을 **소**	갈 **왕**	이를 **지**	사람 **자**		석 **삼**	독 **독**

보리심을 발하여 수행하는 글

모든 부처님과 모든 보살들이 깨달음을 이루어서 적멸한 세계를 장엄하신 것은
오래고 오랜 세월 동안 모든 욕심을 버리고 애써서 수행하신 까닭입니다.
일체중생이 불타는 집과 같은 사바세계에서 윤회하는 것은 한량없는 세상에서
탐욕을 버리지 못한 까닭입니다. 아무도 막지 않는 천당에 가는 사람이 적은 것은
탐진치와 온갖 번뇌로 자기 집의 재산으로 삼은 까닭이요,

煩	惱	로	爲	自	家	財	요		無	誘	惡
번거로울 번	번뇌할 뇌		삼을 위	스스로 자	집 가	재물 재			없을 무	꾈 유	악할 악
道	에		多	往	入	者	는		四	蛇	五	欲
길 도			많을 다	갈 왕	들 입	사람 자			넉 사	뱀 사	다섯 오	하고자할 욕
으로	爲	妄	心	寶	나라		人	誰	不	欲	歸
	삼을 위	허망할 망	마음 심	보배 보			사람 인	누구 수	아닐 불	하고자할 욕	돌아갈 귀
山	修	道	리오마는	而	爲	不	進	은		愛	欲
뫼 산	닦을 수	이치 도		말 이을 이	할 위	아닐 부	나아갈 진			사랑 애	하고자할 욕
所	纏	이니라	然	而	不	歸	山	藪	修	心
바 소	얽을 전		그럴 연	말 이을 이	아닐 불	돌아갈 귀	뫼 산	수풀 수	닦을 수	마음 심
이나	隨	自	信	力	하야	不	捨	善	行	이어다
	따를 수	스스로 자	믿을 신	힘 력		아닐 불	버릴 사	착할 선	행할 행	
自	樂	을	能	捨	하면	信	敬	如	聖	이요
스스로 자	즐길 락		능할 능	버릴 사		믿을 신	공경 경	같을 여	성인 성	

유혹하지도 않는 지옥 아귀 축생의 삼악도에 많이 들어가는 것은
사대육신과 다섯 가지 욕망으로 망령된 마음의 보물로 삼은 까닭입니다.
사람들이 누군들 산속에 들어가서 수행하고자 아니하리오마는
쉽사리 떠나지 못하는 것은 애욕에 얽혔기 때문입니다. 그러나 산속에 들어가서
수행하지는 못하더라도 자신들의 힘을 따라서 열심히 선행하도록 하십시오.
자신의 즐거움을 능히 버리면 성인과 같이 믿고 공경할 것이며

難	行	을	能	行	하면	尊	重	如	佛	이니라
어려울 난	행할 행		능할 능	행할 행		높을 존	무거울 중	같을 여	부처 불	

慳	貪	於	物	은	是	魔	眷	屬	이요	慈
아낄 간	탐낼 탐	어조사 어	물건 물		이 시	마귀 마	돌볼 권	무리 속		사랑 자

悲	布	施	는	是	法	王	子	니라
슬플 비	보시 보	베풀 시		이 시	법 법	임금 왕	아들 자	

2. 수행자의 삶

高	嶽	峩	巖	은	智	人	所	居	요	碧
높을 고	큰산 악	높을 아	바위 암		슬기 지	사람 인	바 소	살 거		푸를 벽

松	深	谷	은	行	者	所	棲	니라	飢	飧
소나무 송	깊을 심	골 곡		행할 행	사람 자	바 소	깃들일 서		주릴 기	저녁밥 손

木	果	하야	慰	其	飢	腸	하고	渴	飮	流
나무 목	열매 과		위로할 위	그 기	주릴 기	창자 장		목마를 갈	마실 음	흐를 유

어려운 수행을 능히 행하면 부처님과 같이 존중할 것입니다. 재물을 아끼고 탐하는 사람은
마군의 권속이요 자비로 베풀고 나누는 사람은 부처님의 아들딸입니다.

높은 산과 빼어난 바위들은 지혜로운 사람들의 머무는 곳이고 푸른 소나무와 깊은 골짜기는
수행하는 사람들의 머무는 곳입니다. 배가 주리면 나무에 달린 과일을 먹어서
그 주린 창자를 위로하고 목이 마르면 흐르는 물을 마시어 그 갈증을 달래십시오.

水	하야	息	其	渴	情	이니라	喫	甘	愛	養
물 수		쉴 식	그 기	목마를 갈	뜻 정		먹을 끽	달 감	사랑 애	기를 양
	하야도	此	身	은	定	壞	요	着	柔	守	護
		이 차	몸 신		정할 정	무너질 괴		붙을 착	부드러울 유	지킬 수	보호할 호
	하야도	命	必	有	終	이니라	助	響	巖	穴	로
		목숨 명	반드시 필	있을 유	마칠 종		도울 조	울릴 향	바위 암	구멍 혈	
爲	念	佛	堂	하고	哀	鳴	鴨	鳥	로	爲
삼을 위	생각 염	부처 불	집 당		슬플 애	울 명	오리 압	새 조		삼을 위
歡	心	友	니라	拜	膝	이	如	氷	이라도	無
기쁠 환	마음 심	벗 우		절 배	무릎 슬		같을 여	얼음 빙		없을 무
戀	火	心	하며	餓	腸	이	如	切	이라도	無
그릴 연	불 화	마음 심		주릴 아	창자 장		같을 여	끊을 절		없을 무
求	食	念	이니라	忽	至	百	年	이어늘	云	何
구할 구	밥 식	생각 념		갑자기 홀	이를 지	일백 백	해 년		이를 운	어찌 하

맛있는 음식을 먹어서 육신을 아끼고 기르더라도 이 몸뚱이는 결정코 무너질 것이요
부드러운 옷을 입어서 지키고 보호하더라도 목숨은 반드시 마칠 때가 있을 것입니다.
메아리 소리 울려 퍼지는 바위굴로써 염불하는 집을 삼고 슬피 우는 오리와 새들로 마음을 달래는
벗을 삼을 것입니다. 절을 하는 무릎이 얼음과 같이 시리더라도 따뜻한 불을 생각하는 마음이 없고,
주린 창자가 끊어질 듯하더라도 음식을 구하고자 하는 생각이 없어야 합니다.
홀연히 백년 세월에 이르거늘 어찌 배우지 아니하며

不	學	이며	一	生	이	幾	何	관대	不	修
아닐 불	배울 학		한 일	날 생		몇 기	어찌 하		아닐 불	닦을 수
放	逸	고	離	心	中	愛	를	是	名	沙
놓을 방	편안할 일		떠날 이	마음 심	가운데 중	사랑 애		이 시	이름 명	모래 사
門	이요	不	戀	世	俗	을	是	名	出	家
문 문		아닐 불	그릴 연	세상 세	풍속 속		이 시	이름 명	날 출	집 가
니라	行	者	羅	網	은	狗	被	象	皮	요
	행할 행	사람 자	걸릴 라	그물 망		개 구	입을 피	코끼리 상	가죽 피	
道	人	戀	懷	는	蝟	入	鼠	宮	이니라	雖
이치 도	사람 인	그릴 연	품을 회		고슴도치 위	들 입	쥐 서	집 궁		비록 수
有	才	智	나	居	邑	家	者	는	諸	佛
있을 유	재주 재	슬기 지		살 거	고을 읍	집 가	사람 자		모두 제	부처 불
이	是	人	에	生	悲	憂	心	하시고	設	無
	이 시	사람 인		날 생	슬플 비	근심 우	마음 심		가령 설	없을 무

일생이 얼마나 된다고 수행하지 아니하고 게으름을 피웁니까? 마음속에서 애착을 떠나야
스님이라고 이름할 수 있고 세속을 그리워하지 않아야 출가한 사람이라고 할 수 있습니다.
수행하는 사람이 세상일에 휩싸이는 것은 개가 코끼리의 가죽을 덮어쓰는 것이요
도를 닦는 사람이 외롭고 쓸쓸한 생각을 품는 것은 고슴도치가 쥐구멍에 들어가는 격입니다.
비록 재주와 지혜가 있더라도 도시에 사는 사람들에 대해서는
모든 부처님이 이 사람에 대해서 근심하는 마음을 내고

道	行	이나	住	山	室	者	는	衆	聖	이
이치 도	행할 행		살 주	뫼 산	집 실	사람 자		무리 중	성인 성	

是	人	에	生	歡	喜	心	하나니라	雖	有	才
이 시	사람 인		날 생	기쁠 환	기쁠 희	마음 심		비록 수	있을 유	재주 재

學	이나	無	戒	行	者	는	如	寶	所	導
배울 학		없을 무	경계할 계	행할 행	사람 자		같을 여	보배 보	곳 소	길 도

而	不	起	行	이요	雖	有	勤	行	이나	無
말이을 이	아닐 불	일어날 기	다닐 행		비록 수	있을 유	부지런할 근	행할 행		없을 무

智	慧	者	는	欲	往	東	方	而	向	西
슬기 지	슬기로울 혜	사람 자		하고자할 욕	갈 왕	동녘 동	방위 방	말 이을 이	향할 향	서녘 서

行	이니라	有	智	人	의	所	行	은	蒸	米
다닐 행		있을 유	슬기 지	사람 인		바 소	행할 행		찔 증	쌀 미

作	飯	이요	無	智	人	의	所	行	은	蒸
지을 작	밥 반		없을 무	슬기 지	사람 인		바 소	행할 행		찔 증

설사 도가 없더라도 산속에 사는 사람들에 대해서는 여러 성인들이 이 사람에 대해서
환희하는 마음을 냅니다. 비록 재능과 학문이 있더라도 계행이 없는 사람은
보물이 있는 곳으로 인도하여도 일어나서 가지 않는 것과 같고, 비록 부지런히 실천하더라도
지혜가 없는 사람은 동쪽으로 가고자 하면서 서쪽으로 향하여 가는 것과 같습니다.
지혜가 있는 사람이 하는 일은 쌀로써 밥을 짓는 것이요,
지혜가 없는 사람이 하는 일은 모래로써 밥을 짓는 것입니다.

沙	作	飯	이니라	共	知	喫	食	而	慰	飢
모래 사	지을 작	밥 반		함께 공	알 지	먹을 끽	밥 식	말 이을 이	위로할 위	주릴 기
腸	호되	不	知	學	法	而	改	癡	心	이니라
창자 장		아닐 부	알 지	배울 학	법 법	말 이을 이	고칠 개	어리석을 치	마음 심	
行	智	俱	備	는	如	車	二	輪	이요	自
행할 행	슬기 지	함께 구	갖출 비		같을 여	수레 거	두 이	바퀴 륜		스스로 자
利	利	他	는	如	鳥	兩	翼	이니라	得	粥
이로울 리	이로울 이	다를 타		같을 여	새 조	두 양	날개 익		얻을 득	죽 죽
祝	願	호대	不	解	其	意	하면	亦	不	檀
빌 축	원할 원		아닐 불	풀 해	그 기	뜻 의		또 역	아닐 부	박달나무 단
越	에	應	羞	恥	乎	며	得	食	唱	唄
넘을 월		응당 응	부끄러울 수	부끄러울 치	어조사 호		얻을 득	밥 식	노래 창	찬불 패
호대	不	達	其	趣	하면	亦	不	賢	聖	에
	아닐 부	통달할 달	그 기	뜻 취		또 역	아닐 불	어질 현	성인 성	

모든 사람들이 밥을 먹어서 주린 창자를 위로할 줄 알면서 불법을 배워서 어리석은 마음을
고칠 줄은 알지 못합니다. 행동과 지혜가 다 갖춰진 것은 수레의 두 바퀴와 같고
자신도 이롭고 다른 이도 이롭게 하는 것은 새의 두 날개와 같습니다.
죽을 받아서 축원하되 그 의미를 알지 못하면 또한 신도들에게 반드시 부끄럽지 아니하며,
밥을 받아서 염불을 하되 그 취지를 알지 못하면 또한 현자와 성인들에게 부끄럽지 아니한가요.

應	慚	愧	乎	아	人	惡	尾	虫	이		不
응당 응	부끄러워할 참	부끄러울 괴	어조사 호		사람 인	미워할 오	꼬리 미	벌레 충			아닐 불
辨	淨	穢	인달하야		聖	憎	沙	門	이	不	辨
분별할 변	깨끗할 정	더러울 예			성인 성	미워할 증	모래 사	문 문		아닐 불	분별할 변
淨	穢	나라	棄	世	間	喧	하고	乘	空	天	
깨끗할 정	더러울 예		버릴 기	세상 세	사이 간	지껄일 훤		탈 승	빌 공	하늘 천	
上	은	戒	爲	善	梯	니	是	故	로	破	
위 상		경계할 계	될 위	좋을 선	사다리 제		이 시	연고 고		깨뜨릴 파	
戒	하고	爲	他	福	田	은	如	折	翼	鳥	
경계할 계		될 위	다를 타	복 복	밭 전		같을 여	꺾을 절	날개 익	새 조	
가	負	龜	翔	空	이라	自	罪	를	未	脫	
	질 부	거북 구	날 상	빌 공		스스로 자	허물 죄		아닐 미	벗을 탈	
하면	他	罪	를	不	贖	이니라	然	이나	豈	無	
	다를 타	허물 죄		아닐 불	속죄할 속		그럴 연		어찌 기	없을 무	

사람들은 구더기가 깨끗하고 더러움을 분별하지 못하는 것을 싫어하듯이
성인들은 스님으로서 깨끗하고 더러움을 분별하지 못하는 것을 미워합니다.
세상의 시끄러움을 버리고 텅 빈 천상에 올라가는 데는 계행이 좋은 사다리가 되나니
그르므로 계를 파하고 다른 사람들의 복전이 되는 것은
날개 부러진 새가 거북을 등에 업고 하늘로 날아가려는 것과 같습니다.
자신의 죄를 벗지 못하고서는 다른 사람의 죄를 면하게 해 주지 못하나니

戒	行	하고	受	他	供	給	이리오	無	行	空
경계할 계	행할 행		받을 수	다를 타	이바지할 공	줄 급		없을 무	행할 행	빌 공
身	은	養	無	利	益	이요		無	常	浮	命
몸 신		기를 양	없을 무	이로울 이	더할 익			없을 무	항상 상	뜰 부	목숨 명
은	愛	惜	不	保	니라	望	龍	象	德	하야
	사랑 애	아낄 석	아닐 불	지킬 보		바랄 망	용 용	코끼리 상	덕 덕	
能	忍	長	苦	하고	期	獅	子	座	하야	永
능할 능	참을 인	길 장	괴로울 고		기약할 기	사자 사	아들 자	자리 좌		길 영
背	欲	樂	이니라	行	者	心	淨	하면	諸	天
등 배	하고자할 욕	즐길 락		행할 행	사람 자	마음 심	깨끗할 정		모두 제	하늘 천
이	共	讚	하고	道	人	이	戀	色	하면	善
	함께 공	기릴 찬		이치 도	사람 인		그릴 연	빛 색		착할 선
神	이	捨	離	하나니라	四	大	가	忽	散	이라
신 신		버릴 사	떠날 리		넉 사	큰 대		갑자기 홀	흩을 산	

그러므로 어찌 계행이 없으면서 다른 사람들의 공양을 받을 수 있겠습니까?
수행이 없는 헛된 몸은 살려 봐야 이익이 없으며 무상한 뜬목숨은 사랑하고 아껴 봐야
지키지 못합니다. 용상대덕을 희망하면서 능히 오랜 고통을 참아 견디고
사자의 자리를 기약하여 영원히 욕심과 즐거움을 버릴 것입니다.
수행하는 사람의 마음이 청정하면 모든 천신들이 함께 찬탄하고
도를 닦는 사람이 이성을 그리워하면 선신들이 버리고 떠난답니다.

不	保	久	住	니		今	日	夕	矣	라		頗
아닐 **불**	지킬 **보**	오랠 **구**	살 **주**			이제 **금**	날 **일**	저물 **석**	어조사 **의**			자못 **파**
行	朝	哉		世	樂	이		後	苦	어늘		何
다닐 **행**	아침 **조**	어조사 **재**	인저	세상 **세**	즐길 **락**			뒤 **후**	괴로울 **고**			어찌 **하**
貪	着	哉		一	忍	이		長	樂	이어늘		何
탐낼 **탐**	붙을 **착**	어조사 **재**	며	한 **일**	참을 **인**			길 **장**	즐길 **락**			어찌 **하**
不	修	哉		道	人	貪	은	是	行	者		
아닐 **불**	닦을 **수**	어조사 **재**	리오	이치 **도**	사람 **인**	탐낼 **탐**		이 **시**	행할 **행**	사람 **자**		
羞	恥	요		出	家	富	는	是	君	子	所	
부끄러울 **수**	부끄러울 **치**			날 **출**	집 **가**	부유할 **부**		이 **시**	임금 **군**	아들 **자**	바 **소**	
笑	니라											
웃음 **소**												

3. 지금, 여기의 삶

지수화풍 사대육신은 홀연히 흩어져서 오랫동안 머물지 못하나니
오늘도 이미 늦었으니 자못 서두르십시오.
세상의 즐거움이 뒤에는 고통이 따르나니 어찌 탐착하겠으며
한 번 참는 것이 오랫동안 즐겁나니 어찌 수행하지 않겠습니까.
도를 닦는 사람이 탐욕을 부리는 것은 수행자의 부끄러움이요
출가한 사람이 부귀한 것은 군자들이 비웃는 바입니다.

遮 言 이 不 盡 이어늘 貪 着 不 已 하며
막을 차 · 말씀 언 · 아닐 부 · 다할 진 · 탐낼 탐 · 붙을 착 · 아닐 불 · 그칠 이

第 二 無 盡 이어늘 不 斷 愛 着 하며 此
차례 제 · 두 이 · 없을 무 · 다할 진 · 아닐 부 · 끊을 단 · 사랑 애 · 붙을 착 · 이 차

事 無 限 이어늘 世 事 不 捨 하며 彼 謀
일 사 · 없을 무 · 한할 한 · 세상 세 · 일 사 · 아닐 불 · 버릴 사 · 저 피 · 꾀할 모

無 際 어늘 絶 心 不 起 로다 今 日 不
없을 무 · 즈음 제 · 끊을 절 · 마음 심 · 아닐 불 · 일어날 기 · 이제 금 · 날 일 · 아닐 부

盡 이어늘 造 惡 日 多 하며 明 日 無 盡
다할 진 · 지을 조 · 악할 악 · 날 일 · 많을 다 · 날이 샐 명 · 날 일 · 없을 무 · 다할 진

作 善 日 少 하며 今 年 不 盡 이어늘
지을 작 · 착할 선 · 날 일 · 적을 소 · 이제 금 · 해 년 · 아닐 부 · 다할 진

無 限 煩 惱 하며 來 年 無 盡 이어늘 不
없을 무 · 한할 한 · 번거로울 번 · 번뇌할 뇌 · 올 내 · 해 년 · 없을 무 · 다할 진 · 아닐 부

막는 말이 끝이 없거늘 탐착하기를 그만두지 아니하며 '다음에 다음에' 하는 것이
다함이 없거늘 애착을 끊지 아니합니다. '이 일만 하고, 이 일만 하고' 하는 것이 한이 없지만
세상사를 버리지 못하며 '저 일만 하고, 저 일만 하고' 하는 것이 끝이 없지만 끊으려는
마음을 내지 못합니다. '오늘만 오늘만' 하는 것이 다함이 없건만 악을 짓는 것이 날마다
많아지며 '내일부터 내일부터' 하는 것이 끝이 없건만 선행을 하는 것은 날마다 줄어듭니다.
'금년만 금년만' 하는 것이 끝이 없건만 무한히 번뇌를 일으키며

進	菩	提	로다		時	時	移	移	하야		速	經
나아갈 진	보리 보	끌 제(리)			때 시	때 시	옮길 이	옮길 이			빠를 속	지날 경
日	夜	하며			日	日	移	移	하야		速	經	月
날 일	밤 야				날 일	날 일	옮길 이	옮길 이			빠를 속	지날 경	달 월
晦	하며		月	月	移	移	하야		忽	來	年	至
그믐 회			달 월	달 월	옮길 이	옮길 이			갑자기 홀	올 래	해 년	이를 지
하며	年	年	移	移	하야		暫	到	死	門	하나니
	해 연	해 년	옮길 이	옮길 이			잠시 잠	이를 도	죽을 사	문 문	
破	車	不	行	이요		老	人	不	修	라		臥
깨뜨릴 파	수레 거	아닐 불	다닐 행			늙을 노	사람 인	아닐 불	닦을 수			누울 와
生	懈	怠	하고		坐	起	亂	識	이로다		幾	生
날 생	게으를 해	게으를 태			앉을 좌	일어날 기	어지러울 난	알 식			몇 기	날 생
不	修	어늘		虛	過	日	夜	하며		幾	活	空
아닐 불	닦을 수			빌 허	지날 과	날 일	밤 야			몇 기	살 활	빌 공

'내년에는 내년에는' 하는 것이 다함이 없건만 깨달음에 나아가지 못합니다. 시간 시간이
옮기고 옮겨서 하루가 빨리도 지나가며, 하루 하루가 옮기고 옮겨서 한 달이 빨리도 지나가며,
한 달 한 달이 옮기고 옮겨서 홀연히 한 해가 지나가며, 한 해 한 해가 옮기고 옮겨서
잠깐 사이에 죽음에 이릅니다. 고장 난 수레는 움직이지 못하고 늙은 사람은 수행하지 못하나니
누워서는 게으름만 피우고 앉아서는 어지러운 생각만 일으킵니다.
얼마나 산다고 수행하지 아니하고 낮과 밤을 헛되게 보내며,

身	이어늘	一	生	不	修	오	身	必	有	終
몸 신		한 일	날 생	아닐 불	닦을 수		몸 신	반드시 필	있을 유	마칠 종

하리니	後	身	은	何	乎	아	莫	速	急	乎
	뒤 후	몸 신		어찌 하	-인가 호		없을 막	빠를 속	급할 급	-인가 호

며	莫	速	急	乎	인저
	없을 막	빠를 속	급할 급	-인가 호	

허망한 몸뚱이가 얼마나 살기에 일생을 수행하지 않습니까.

이 몸은 반드시 마칠 때가 있으리니 다음 생의 몸은 무엇이 될 것입니까.

급하지 아니하며 급하지 아니합니까.

<사경 7회>

사경 발원문

사경 끝난 날 :　　　　　년　　　　월　　　　일

＿＿＿＿＿＿＿ 두손 모음

如天 無比

1943년 영덕에서 출생하였다.

1958년 출가하여 덕흥사, 불국사, 범어사를 거쳐 1964년 해인사 강원을 졸업하고 동국역경연수원에서 수학하였다.

10여 년 선원생활을 하고 1976년 탄허 스님에게 화엄경을 수학하고 전법, 이후 통도사 강주, 범어사 강주,

은해사 승가대학원장, 대한불교조계종 교육원장, 동국역경원장, 동화사 한문불전승가대학원장 등을 역임하였다.

2018년 5월에는 수행력과 지도력을 갖춘 승랍 40년 이상 되는 스님에게 품서되는 대종사 법계를 받았다.

현재 부산 문수선원 문수경전연구회에서 150여 명의 스님과 300여 명의 재가 신도들에게 화엄경을 강의하고 있다.

또한 다음 카페 '염화실'(http://cafe.daum.net/yumhwasil)을 통해

'모든 사람을 부처님으로 받들어 섬김으로써 이 땅에 평화와 행복을 가져오게 한다.'는 인불사상人佛思想을 펼치고 있다.

저서로

『대방광불화엄경 강설』(전 81권), 『무비 스님의 유마경 강설』(전 3권), 『대방광불화엄경 실마리』, 『무비 스님의 왕복서 강설』,

『무비 스님이 풀어 쓴 김시습의 법성게 선해』, 『법화경 법문』, 『신금강경 강의』, 『직지 강설』(전 2권), 『법화경 강의』(전 2권),

『신심명 강의』, 『임제록 강설』, 『대승찬 강설』, 『당신은 부처님』, 『사람이 부처님이다』, 『이것이 간화선이다』,

『무비 스님과 함께하는 불교공부』, 『무비 스님의 증도가 강의』, 『일곱 번의 작별인사』,

무비 스님이 가려 뽑은 명구 100선 시리즈(전 4권) 등이 있고

편찬하고 번역한 책으로 『화엄경(한글)』(전 10권), 『화엄경(한문)』(전 4권), 『금강경 오가해』 등이 있다.

또한 사경집으로 『대방광불화엄경 사경』(전 81권), 『금강반야바라밀경 사경』, 『반야바라밀다심경 사경』, 『보현행원품 사경』,

『관세음보살보문품 사경』, 『천수경 사경』, 『묘법연화경 사경』(전 7권), 『법화경약찬게 사경』 등 무비 스님의 사경 시리즈가 있다.

무비 스님의 발심수행장 사경

| 초판 1쇄 발행_ 2023년 10월 21일

| 지은이_ 여천 무비(如天 無比)

| 펴낸이_ 오세룡

| 편집_ 박성화 손미숙 윤예지 여수령 허승 정연주

| 기획_ 곽은영 최윤정

| 디자인_ 김효선 고혜정 최지혜 박소영

| 홍보 마케팅_ 정성진

| 펴낸곳_ 담앤북스
　　　　서울특별시 종로구 새문안로3길 23 경희궁의 아침 4단지 805호
　　　　대표전화 02)765-1251 전송 02)764-1251 전자우편 dhamenbooks@naver.com
　　　　출판등록 제300-2011-115호

| ISBN 979-11-6201-410-3 03220

정가 10,000원